essentials

essentials liefern aktuelles Wissen in konzentrierter Form. Die Essenz dessen, worauf es als „State-of-the-Art" in der gegenwärtigen Fachdiskussion oder in der Praxis ankommt. *essentials* informieren schnell, unkompliziert und verständlich

- als Einführung in ein aktuelles Thema aus Ihrem Fachgebiet
- als Einstieg in ein für Sie noch unbekanntes Themenfeld
- als Einblick, um zum Thema mitreden zu können

Die Bücher in elektronischer und gedruckter Form bringen das Expertenwissen von Springer-Fachautoren kompakt zur Darstellung. Sie sind besonders für die Nutzung als eBook auf Tablet-PCs, eBook-Readern und Smartphones geeignet. *essentials:* Wissensbausteine aus den Wirtschafts, Sozial- und Geisteswissenschaften, aus Technik und Naturwissenschaften sowie aus Medizin, Psychologie und Gesundheitsberufen. Von renommierten Autoren aller Springer-Verlagsmarken.

Weitere Bände in der Reihe http://www.springer.com/series/13088

Stephanie Rascher

Just Culture in Organisationen

Wie Piloten eine konstruktive
Fehler- und Vertrauenskultur
schaffen

Stephanie Rascher
Fakultät für Wirtschaftspsychologie
Hochschule für angewandtes
Management
Ismaning, Deutschland

ISSN 2197-6708   ISSN 2197-6716   (electronic)
essentials
ISBN 978-3-658-25850-4   ISBN 978-3-658-25851-1   (eBook)
https://doi.org/10.1007/978-3-658-25851-1

Die Deutsche Nationalbibliothek verzeichnet diese Publikation in der Deutschen Nationalbibliografie; detaillierte bibliografische Daten sind im Internet über http://dnb.d-nb.de abrufbar.

Springer ist ein Imprint der eingetragenen Gesellschaft Springer Fachmedien Wiesbaden GmbH und ist ein Teil von Springer Nature
Die Anschrift der Gesellschaft ist: Abraham-Lincoln-Str. 46, 65189 Wiesbaden, Germany

Was Sie in diesem *essential* finden können

- Für Piloten gehört der Umgang mit hoher Komplexität, Unsicherheit und Zeitdruck zu den zentralen Herausforderungen ihres Berufs, die sich nur durch professionelle Kommunikation, Entscheidungsfindung und Teamarbeit bewältigen lassen. Eine konstruktive Fehler- und Vertrauenskultur gehört dabei zu den wesentlichen Erfolgsfaktoren, um sicher und flexibel arbeiten zu können.

- Die Herausforderungen im Cockpit lassen sich in vielen Punkten mit unserer heutigen Arbeitswelt vergleichen, die von disruptiven Veränderungen, wachsender Komplexität und Unsicherheit bestimmt wird. Gleichzeitig wird es in Zeiten des Fachkräftemangels auch für Organisationen immer wichtiger, dem Wunsch vieler Mitarbeiter nach sinnstiftenden Tätigkeiten, Flexibilität und einer wertschätzenden Arbeitsumgebung nachzukommen.

- Denn Innovationen und schnelles Lernen der Organisation lassen sich nicht von oben verordnen. Sie lassen sich nur entwickeln, wenn es eine entsprechende Kultur gibt. Selbstständige Mitarbeiter brauchen Freiraum, um sich zu entwickeln. Sie brauchen Entscheidungsspielraum, um neue Ideen verfolgen zu können. Und sie brauchen Vertrauen, um Fehler machen zu dürfen und aus ihnen zu lernen.

- Erfahren Sie in diesem *essential*, was man in Organisationen der Wirtschaft, der Medizin oder im öffentlichen Bereich von der Luftfahrt lernen kann und wie Fach- und Führungskräfte ein Organisationklima schaffen können, in der sich alle Beschäftigten für ihr Handeln und das der gesamten Organisation verantwortlich fühlen.

Inhaltsverzeichnis

Einleitung 1

Auch wenn Menschen mit Flugangst es anders einschätzen mögen: Das Flugzeug zählt bis heute statistisch gesehen zu den sichersten Verkehrsmitteln. So ist das Risiko, im Auto tödlich zu verunglücken, bezogen auf die zurückgelegten Personenkilometer 800-mal höher als im Flugzeug (vgl. Vorndran, 2010). Dass Fliegen so sicher geworden ist, hat sich nicht zufällig ergeben, sondern ist das Ergebnis jahrzehntelanger intensiver Bemühungen der Fluggesellschaften, ihrer Beschäftigten, der Flugzeughersteller und der verantwortlichen Behörden.

Einer der bis heute schwersten Unfälle der zivilen Luftfahrt, dessen anschließende Untersuchung maßgeblich zur Verbesserung der Sicherheitskultur beigetragen hat, ist die Flugzeugkatastrophe von Teneriffa im März 1977.

▶ **Teneriffa, 27.03.1977**
Vor rund vierzig Jahren stießen auf der Ferieninsel Teneriffa zwei Jumbo-Jets auf der Startbahn des Flughafens Los Rodeos zusammen. Der Flugunfall, bei dem 583 Menschen ihr Leben verloren und der allein auf menschliches Versagen zurückzuführen ist, gilt bis heute als einer der tragischsten Flugzeugunglücke der zivilen Luftfahrt.

Wie viele Unglücke hatte auch dieser Unfall eine längere Vorgeschichte: Nach einer Bombenexplosion in Las Palmas war der dortige Flughafen gesperrt worden, so dass mehrere Flugzeuge zum Flughafen von Teneriffa ausweichen mussten. Unter diesen befanden sich auch zwei Boeing 747. Ein Jumbo-Jet der niederländischen Fluggesellschaft KLM war aus Amsterdam gekommen und sollte am selben Tag dorthin zurück fliegen. Der andere Jumbo der Fluglinie Pan American kam direkt aus New York. Der Kapitän der KLM-Maschine war besorgt, aufgrund von strengen Flugdienstzeitregelungen nicht

© Springer Fachmedien Wiesbaden GmbH, ein Teil von Springer Nature 2019
S. Rascher, *Just Culture in Organisationen*, essentials,
https://doi.org/10.1007/978-3-658-25851-1_1

mehr am selben Tag nach Amsterdam zurück fliegen zu können. Er befürchtete, mitsamt Passagieren und Besatzung auf Teneriffa über- nachten zu müssen, was für KLM einen immensen Kosten- und Zeit- aufwand bedeutet hätte. Die Situation wurde durch die beengten Verhältnisse auf dem kleinen Vorfeld des Flughafens und die Tatsache, dass die Sicht durch Nebel unter das für einen Start erforderliche Mini- mum zu fallen drohte, zusätzlich erschwert.

Die Besatzung des KLM-Jumbos, dessen Kapitän Jacob van Zan- ten die Zusatzfunktion des Senior-Trainingskapitäns für B747 inne- hatte und damit in seiner Firma sehr hohes Ansehen genoss, erhielt die Anweisung, auf Bahn 12 zur Startposition zu rollen. Hier sollte das Flugzeug am Ende um 180° zu wenden und auf die Startfreigabe zu warten. Die Crew der Pan-Am Maschine wurde von den Fluglotsen angewiesen, ebenfalls auf die Bahn 12 zu rollen, diese allerdings bald wieder zu verlassen und auf einem parallelen Rollweg zur Start- position weiter zu rollen.

Am Ende der Startbahn angekommen drehte der holländische Kapitän seinen Jumbo um 180° und schob die Gashebel nach vorne. Sein Copilot Klaas Meurs, der von Kapitän van Zanten ausgebildet worden war, wandte ein, dass sie noch keine Startfreigabe erhalten hätten. Von den Fluglotsen kam auf Aufforderung dann aber keine Startfreigabe, sondern lediglich eine Flugverkehrsfreigabe. Diese beinhaltete jedoch verhängnisvollerweise ebenfalls das Wort „Clea- rance" und brachte so möglicherweise den extrem unter Zeitdruck stehenden Kapitän dazu, das zu hören, was er hören wollte: Eine Startfreigabe. Mit den Worten „We gaan" (sinngemäß „wir starten") schob er erneut die Gashebel nach vorne und der Jumbo setzte sich in Bewegung. Sein Copilot ergab sich nun seinem Schicksal, anstatt ein weiteres Mal zu widersprechen.

Da sich die Pan-Am Maschine, die die angewiesene Abzweigung auf dem Parallel-Rollweg im dichten Nebel verpasst hatte, noch auf der Startbahn befand, wies der Lotse die Piloten der KLM-Maschine an, zu warten. Diese Anweisung war aber nicht verständlich, da sie vom Funkspruch der Pan-Am Besatzung überlagert wurde. Diese teil- ten mit, dass sie sich immer noch auf der Startbahn befänden. Der Flugingenieur der KLM-Maschine Willem Schreuder fragte daraufhin zweimal den Kapitän, ob die Pan-Am Maschine denn inzwischen die Bahn verlassen habe, was dieser mit einem nachdrücklichen „Oh ja!" beantwortete und weiter beschleunigte.

Beide Flugzeugbesatzungen bemerkten erst kurz vor dem Zusammenstoß die jeweils andere Maschine. Die Kollision war inzwischen unausweichlich. Von insgesamt 644 Passagieren überlebten nur 61 Fluggäste die Katastrophe.

Dieser tragische Unfall führte in der Folge zu zahlreichen Veränderungen der internationalen Luftfahrtregularien: Zur Verbesserung der Kommunikation wurde unter anderem eine eindeutige Phraseologie eingeführt, die sprachliche Unklarheiten in der Kommunikation beseitigt hat.

Um die Zusammenarbeit und Kommunikation innerhalb der Crew über Hierarchiegrenzen hinweg zu verbessern, gehören seitdem Crew Resource Management (CRM)-Trainings bei den meisten westlichen Fluggesellschaften zum etablierten Trainingsstandard. Im Rahmen dieser Trainings werden Cockpit- und Kabinenbesatzungen unter dem Oberbegriff „Human Factors" für die besonderen Herausforderungen menschlicher Zusammenarbeit über Hierarchiegrenzen hinweg in komplexen Situationen sensibilisiert.

Anonyme und nonpunitive (also „nicht-bestrafende") Fehlerberichtssysteme sorgen dafür, dass Mitarbeiter Vorkommnisse und Schwierigkeiten in der Interaktion berichten können. Diese Informationen werden der Organisation in Form von Reports zur Verfügung gestellt werden, um schnell aus kritischen Ereignissen, Fehlern oder einem sogenannten „Beinahe-Schaden" anderer Kollegen lernen zu können und diese selbst zu vermeiden.

Die wesentliche Grundlage für diese Veränderungen ist allerdings die Haltung des gesamten Unternehmens und die Organisationskultur, die bei jedem Einzelnen im Kopf beginnt und von oben vorgelebt wird: Fehler sind menschlich und werden sich nie völlig vermeiden lassen. Im Zentrum aller Bemühungen muss es deshalb darum gehen, über Fehler und kritische Ereignisse offen zu sprechen, aus ihnen schnell zu lernen und dieses Wissen der gesamten Organisation zur Verfügung zu stellen. Nur so kann es in unserer zunehmend unsicheren, komplexen und sich immer schneller verändernden Arbeitswelt gelingen, verantwortungsvoll agieren zu können.

Welche Schlussfolgerungen lassen sich daraus für Unternehmen und andere Organisationen in der Wirtschaft, Medizin oder im öffentlichen Bereich ziehen? Inwiefern sind die Erfolgsfaktoren aus Hochzuverlässigkeitsorganisationen wie der zivilen Luftfahrt übertragbar? Wie lässt sich eine konstruktive Fehler- und Vertrauenskultur in Unternehmen etablieren? Und was bedeutet dies für das Arbeits- und Organisationsklima, das Fach- und Führungskräfte in ihrer Organisation schaffen sollten?

Diesen Fragen wird in den nachfolgenden Kapiteln nachgegangen. Welche Herausforderungen stellt die heutige komplexe Arbeitswelt an uns? Was verbirgt sich hinter dem Begriff „Just Culture"? Was genau ist eigentlich ein Fehler, was verursacht ihn und wie genau entstehen Fehler? Welche Rolle spielen Führungskräfte, wenn es um Vertrauen, Sicherheit und Innovation geht? Welche Erfolgsfaktoren führen in der Luftfahrt dazu, dass Fliegen so sicher geworden ist? Und wie lassen sich diese Erfolgsprinzipien auch auf andere Branchen übertragen?

Arbeiten in der VUCA-Welt

2

Unsere Arbeitswelt erlebt gerade einen Paradigmenwechsel, wie es ihn seit der industriellen Revolution nicht gegeben hat. Der zentrale Treiber des Wandels, die Digitalisierung, verändert unsere Arbeitsrealität mit einer Schnelligkeit, die für viele Menschen kaum noch nachvollziehbar ist. Im Zusammenhang mit diesen Veränderungen fällt oft der Begriff „VUCA". Das englische Akronym VUCA setzt sich aus den vier Begriffen Volatilität, Unsicherheit, Komplexität und Ambiguität zusammen.

Volatilität (engl. volatility) beschreibt das Maß der Flüchtigkeit von Dingen und damit die Schwankungsintensität über den zeitlichen Verlauf. Leicht verständlich wird es am Beispiel von Aktienkursen. Innerhalb eines kurzen Zeitraums zeigen sich stark schwankende Aktienkurse als „scharfe Zacken" im Verlaufs-Chart. Je höher die Volatilität, desto stärker und „gezackter" die Ausschläge.

Unsicherheit (engl. uncertainty) bezeichnet die Unvorhersagbarkeit von Ereignissen. Je mehr „Überraschungen" das jeweilige Umfeld und die Rahmenbedingungen beinhalten, desto unsicherer sind diese.

Komplexität (engl. complexity) wird durch die Anzahl von Einflussfaktoren und deren gegenseitiger Abhängigkeit bzw. Interaktion beeinflusst. Je mehr Interdependenzen ein System enthält, desto komplexer ist es. Bildlich vorstellen lässt sich dies am Bild eines Mobiles. Sobald ein Teil des Mobiles in Schwingung gebracht wird, geraten sämtliche anderen Teile des Mobiles ebenfalls in Bewegung. In welcher Reihenfolge oder Richtung dies passieren wird, lässt sich im Vorfeld hingegen kaum abschätzen.

Der Begriff „komplex" zielt auf etwas völlig anderes ab als die Beschreibung „kompliziert", auch wenn beide Ausdrücke im Alltag oft synonym verwendet werden. Ein kompliziertes System, wie beispielsweise eine Schweizer Uhr, besteht zwar aus vielen einzelnen Bestandteilen, die ineinandergreifen. Wenn diese aber einwandfrei funktionieren, richtig montiert sind und das Uhrengehäuse sauber verschlossen ist, agiert das System absolut vorhersehbar. Es gibt keine Unsicherheiten, keine Überraschungen, keine Subjektivität. Ursache-Wirkungsketten lassen sich klar beschreiben.

Komplexe Systeme wie Teams in einer Organisation erzeugen hingegen Überraschungen. Sie bestehen aus lebenden Organismen oder diese haben zumindest, wie bei Schnittstellen zwischen Mensch und Maschine, Anteil am System. Die Interaktion zwischen den einzelnen Teilen sorgt für permanente Veränderungen. Ihnen ist immanent, dass Unsicherheit herrscht und Fehler entstehen. Solche Systeme lassen sich zwar von außen beobachten, aber nie völlig kontrollieren.

Ambiguität beschreibt die Mehrdeutigkeit einer Situation oder Information. Selbst wenn viele Informationen vorhanden sind und alles vorhersagbar erscheint, kann die Bewertung der Situation immer noch mehrdeutig sein.

Kommunikationssituationen beinhalten zum Beispiel oft ein hohes Maß an Ambiguität. Was vom Sender einer Botschaft ursprünglich als reine Sachfrage gemeint war („Was ist denn das Grüne in der Suppe?"), provoziert aufseiten des Empfängers der Botschaft eine auf den ersten Blick unverständliche Reaktion („Wenn es dir nicht passt, kannst du das nächste Mal ja selbst kochen!") (vgl. Schulz v. Thun, 2010).

In dieser VUCA-Welt und dem damit einhergehenden Paradigmenwechsel in allen Lebensbereichen ergeben sich viele neue Herausforderungen und Risiken. Dieser Wandel bietet aber auch gleichzeitig viele Chancen und Möglichkeiten, unsere Arbeitswelt zu einer besseren zu machen.

Wir erleben nämlich nicht nur einen Paradigmenwechsel, sondern insbesondere bei den jüngeren Generationen auch einen Wertewandel. Lockte man früher Bewerber mit Statussymbolen wie Titel, Bürogröße oder Dienstwagen in die Unternehmen, stehen für viele der Nachwuchskräfte heute eine sinnstiftende Tätigkeit, Flexibilität, Selbstverwirklichung und eine wertschätzende Arbeitsatmosphäre im Vordergrund.

Der grassierende Fachkräftemangel führt gleichzeitig dazu, dass sich die Machtverhältnisse zwischen Unternehmen und Bewerbern verschieben. Wer heutzutage innovative Köpfe sucht, muss innovative und spannende Arbeitsbedingungen bieten. Dies verlangt von den Unternehmen, sich von allhergebrachten Traditionen zu verabschieden und neue Wege zu gehen. Was auf den ersten Blick mit großen Anstrengungen verbunden ist, wird langfristig aber nicht nur den Menschen, sondern auch den Unternehmen selbst guttun.

Denn Ideen, Innovationen und schnelles Lernen der gesamten Organisation lassen sich nicht von oben verordnen. Sie lassen sich nur entwickeln, wenn es eine entsprechende Kultur gibt. Kreative und selbstständige Köpfe brauchen Freiraum, um sich zu entwickeln. Sie brauchen Entscheidungsspielraum, um neue Ideen verfolgen zu können. Und sie brauchen Vertrauen, um Fehler machen zu dürfen und aus ihnen zu lernen. So entsteht gleichzeitig eine Kultur, in der Mitarbeiter sich wirklich für ihr eigenes Handeln und das Handeln der gesamten Organisation verantwortlich fühlen.

Just Culture – welche Rolle Fehler und Vertrauen spielen

3

Was ist Just Culture?

James Reason (1997) beschreibt Just Culture als *„an atmosphere of trust in which people are encouraged, even rewarded, for providing essential safety-related information, but in which they are also clear about where the line must be drawn between acceptable and unacceptable behavior."*

Just Culture beschreibt damit eine von Vertrauen geprägte Arbeitsatmosphäre, in der Menschen dazu ermutigt bzw. belohnt werden, wesentliche sicherheitsrelevante Informationen Preis zu geben beziehungsweise zu teilen, wobei sie klar zwischen akzeptablem und inakzeptablem Verhalten unterscheiden (Übersetzung der Autorin).

2013 erweiterte die IFALPA (Internationaler Zusammenschluss der nationalen Berufsverbände der Flugzeugführer, Anmerkung der Autorin), diese Definition wie folgt:

> Just culture, and the associated non-punitive reporting systems, is an essential component of safety culture and SMS (Safety Management System). It is made of norms and values, which ensure that errors/mistakes or unintentional actions are not used to punish the reporter. Instead it will provide information that leads to a more proactive safety management by the timely identification of emerging properties of the systems and allow improved risk management. Punishment may only be considered when there is evidence that the ocurrence resulted from wilful intent to cause damage (wilful misconduct), or from an action carried out with the knowledge that damage would probably result (recklessness).

Just Culture und die damit zusammenhängenden nonpunitiven Reporting Systeme sind ein wesentlicher Bestandteil der Sicherheitskultur. Just Culture umfasst eine Vertrauenskultur mit Nomen und Werten, die sicherstellen, dass unbeabsichtigte Fehler nicht dazu führen, den Betreffenden zu belangen. Vielmehr geht es darum,

© Springer Fachmedien Wiesbaden GmbH, ein Teil von Springer Nature 2019
S. Rascher, *Just Culture in Organisationen,* essentials,
https://doi.org/10.1007/978-3-658-25851-1_3

wichtige Informationen zu erhalten, die durch zeitnahe Identifizierung von Schwachstellen ein proaktives Sicherheits- und Risikomanagement ermöglichen. Beschäftigte werden bei fehlerhaftem Verhalten nur dann zur Rechenschaft gezogen, wenn es um vorsätzliches Fehlverhalten geht bzw. die Betroffen bewusst in Kauf genommen haben, durch ihr Verhalten Schaden anzurichten. Die Kernintention einer „Just Culture" beinhaltet damit den Schutz der Beschäftigten vor Konsequenzen bei fehlerhaftem Handeln, solange die Fehler nicht eine bestimmte Grenzlinie, sprich Fahrlässigkeit, überschreiten (Übersetzung der Autorin).

Der australische Sozialwissenschaftler Sidney Dekker definiert „Just Culture" als eine Kultur des Vertrauens, des Lernens und der Verantwortlichkeit. Ziel einer solchen Kultur ist es, Menschen das nötige Zutrauen zu geben, sicherheitsrelevante Aspekte offen anzusprechen. Just Culture sollte eine Organisation also befähigen, aus einem Vorfall zu lernen und dabei gleichzeitig die involvierten Menschen verantwortlich für ihr Handeln zu halten (vgl. Dekker 2017, s. Abb. 3.1).

Ausgleichender vs. Wiedergutmachender Ansatz Dekker unterscheidet dabei zwischen einem „*ausgleichenden*" und einem „*wiedergutmachenden*" Ansatz der Just Culture.

Abb. 3.1 Vertrauenskultur im Unternehmen. (Foto: pexels)

Beim *ausgleichenden Ansatz* stehen die Fragen im Fokus,

- gegen welche Regel verstoßen wurde?
- wer dafür verantwortlich ist?
- ob der Fehler durch einen bedauerlichen Irrtum, riskantes Verhalten oder leichtsinniges Handeln verursacht wurde?
- wie schwerwiegend der Fehler war, wie die verantwortliche Person dafür belangt werden soll und wer in der Organisation diese Entscheidung trifft?

Ein solcher Ansatz fokussiert also auf den Ausgleich und auf den *einen* Täter, der den Fehler zu verantworten hat.

In der Praxis zeigt sich aber häufig, dass Fehler nicht durch einzelne Personen verursacht werden, sondern zumeist durch mehrere Akteure bzw. Rahmenbedingungen. Oft lässt sich auch keine klare Unterscheidung zwischen Fehlern, bedauerlichen Irrtümern oder leichtsinnigem Handeln treffen.

Was sich aber eindeutig sagen lässt: Bestrafung und Lernen schließen einander aus! Aus diesem Grund schaffen *wiedergutmachende* Ansätze der Just Culture deutlich konstruktivere Voraussetzungen für Lernen und Weiterentwicklung.

Steht die *Wiedergutmachung* im Vordergrund, geht es um Fragen wie:

- Wem wurde durch den Fehler Schaden zugefügt?
- Welche Bedürfnisse hat bzw. haben die betroffene Person bzw. die betroffenen Personen?
- Wer ist verpflichtet, diese Bedürfnisse zu erfüllen?
- Was kann die Organisation aus diesem Ereignis lernen?

Vertrauen Sowohl der Ansatz der ausgleichenden Just Culture als auch der Ansatz der wiedergutmachenden Just Culture entlassen Menschen nicht aus ihrer Verantwortung. Beide halten sie nach Dekker (2017) verantwortlich, gehen dabei aber andere Wege.

Ausgleichende Just Culture will Verantwortlichkeit erzeugen, indem auf den entstandenen oder beinahe entstandenen Schaden zurückgeblickt wird. Gerechtigkeit wird wiederhergestellt, indem die entsprechende Person für ihr Handeln zur Verantwortung gezogen wird.

Wiedergutmachende Just Culture hingegen richtet den Blick nach vorne und fokussiert sich auf die Frage, was von wem getan werden muss, um nach Fehlern Beziehungen und Vertrauen wiederherzustellen. Diese Haltung ermöglicht es anderen, nachzuvollziehen, weshalb die Person gehandelt hat, wie sie gehandelt hat. Die Ursachen von Fehlern werden weniger in der handelnden Person selbst gesehen, als vielmehr in den organisationalen Strukturen und Rahmenbedingungen, die diese Fehler begünstigt haben.

In diesem Sinne ermöglicht der wiedergutmachende Ansatz, die grundlegenden Faktoren auszumachen, die den Vorfall verursacht haben. Um dies möglich zu machen, müssen die betroffenen Personen aber natürlich ihre Geschichte offen berichten können. Im Kern geht es also darum, das eigene Handeln kritisch zu reflektieren und diese Erkenntnisse mit der gesamten Organisation zu teilen.

In jeder Organisation sind Menschen in hohem Maße voneinander abhängig. Sie müssen jede Minute ihrer Arbeitszeit darauf vertrauen, dass andere ihre Aufgaben pünktlich, sicher und zuverlässig erledigen. Dies führt zu Beziehungen, die in hohem Maße von Vertrauen abhängig sind. Diese Beziehungen stehen auf dem Prüfstand und müssen neu gestärkt werden, wenn Fehler gemacht werden und Dinge falsch laufen.

Hindsight Bias „Das hätte ich Euch gleich sagen können!". Diese Behauptung ist in vielen Organisationen verbreitet, wenn es darum geht, Fehler anderer zu kommentieren. Das Wissen, dass bestimmtes Verhalten zu einem negativen Ergebnis führte, beeinflusst in hohem Maße, wie wir das Verhalten im Nachhinein bewerten. Und umso negativer das Ergebnis ausfällt, umso eher sehen wir die Fehler, für die wir andere verantwortlich machen (vgl. Dekker, 2017).

Dieser Wahrnehmungsfehler, auch „Hindsight Bias" genannt, gehört zu den beständigsten und gut untersuchten Wahrnehmungsfehlern der Psychologie. Und er ist in allen Branchen zu finden: In der Luftfahrt, im medizinischen Bereich, in der Verwaltung oder der Wirtschaft.

Der Hindsight Bias lässt uns Kausalzusammenhänge unterschätzen, weil wir das Endergebnis einer Handlung bereits kennen und rückwirkend mögliche Ursachen schlussfolgern. Er führt auch dazu, dass wir Regel- oder Verfahrensverletzungen überschätzen und die Relevanz von Daten falsch interpretieren, die den handelnden Personen vorgelegen haben müssen. Und er lässt uns davon ausgehen, dass es einen direkten Zusammenhang zwischen dem Ergebnis einer Handlung und den vorhergehenden Handlungsschritten gibt. Gemäß der Devise: Hinterher ist man immer schlauer.

Zukunftsweisende Verantwortlichkeit „Er übernimmt die Verantwortung und verlässt die Organisation mit sofortiger Wirkung." Mit einem Schritt wie diesem soll der Öffentlichkeit gezeigt werden, dass nach Fehlern Konsequenzen gezogen werden. Was allerdings klar ist: Verantwortlich gehalten wird derjenige nicht mehr, wenn er zurücktritt und Chaos hinterlässt. In diesem Fall ist Verantwortlichkeit lediglich rückwärtsgewandt. Dies mag die Öffentlichkeit oder die Presse beruhigen, der Organisation selbst hilft es in den meisten Fällen nicht. Verantwortlichkeit sollte immer zukunftsorientiert sein. Die Erfahrung, zu scheitern, und dafür Verantwortung zu übernehmen, sollte der Organisation und den in ihr arbeitenden Menschen immer ermöglichen, daraus zu lernen und sich weiterzuentwickeln. Verantwortlichkeit wird dann als etwas verstanden, bei dem in Verbesserungen investiert wird, anstatt in Rechtschutz oder Haftungsbeschränkungen.

Warum Organisationen für Just Culture sorgen sollten In einer Just Culture zu arbeiten, hat nicht nur für den einzelnen Mitarbeiter oder die Teams eines Unternehmens Vorteile (vgl. Dekker, 2017). Auf lange Sicht profitiert davon die gesamte Organisation. Nur wenn es eine fehlerfreundliche Kultur des Vertrauens gibt, kann die Unternehmensleitung wissen, was in der Organisation passiert und wie gut es Mitarbeitern und Führungskräften gelingt, mit Herausforderungen umzugehen.

Für die Fach- und Führungskräfte eines Unternehmens bedeutet Just Culture, befähigt zu sein, anspruchsvolle Aufgaben wahrzunehmen und zu Verbesserungen beizutragen, indem Schwachstellen, Fehler und Rückschläge offengelegt und besprochen werden.

Nicht zuletzt führt Just Culture dazu, dass die Kunden einer Organisation davon profitieren, wenn bessere Entscheidungen getroffen werden, anstatt falsche Entscheidungen zu verschleiern oder zu verteidigen.

Wenn man verstehen möchte, wie man die Voraussetzungen und Rahmenbedingungen für „Just Culture" und einen konstruktiven Umgang mit Fehlern schafft, muss man zunächst verstehen, wann genau von einem Fehler gesprochen wird und ob es ein einheitliches Verständnis darüber gibt, was als fehlerhaft gilt und was nicht?

Was Fehler ausmacht

4

Fehler, Irrtümer und Missgeschicke sind Teil menschlichen Handelns, so lange man denken kann. Die Einsicht in die eigene *Fehlbarkeit* ist der erste Schritt, eigenes Handeln kritisch zu reflektieren, Fehlern vorzubeugen oder sie rechtzeitig zu korrigieren. In Industrie, Wirtschaft und öffentlichen Bereichen ist man sehr daran interessiert, Fehler zu vermeiden, da sie meist mit materiellen Kosten beziehungsweise einem hohen Imageschaden verbunden sind.

Trotz der beachtlichen Relevanz von Fehlern und ihrer frühzeitigen Identifizierung gibt es interessanterweise bis heute keine allgemein anerkannte Definition von Fehlern (vgl. Hofinger, 2012). Dies mag auch daran liegen, dass sich Forscher und Praktiker aus verschiedensten Fachrichtungen und Disziplinen mit Fehlern auseinandersetzen.

In den verschiedenen Arbeiten lässt sich jedoch ein gemeinsamer Kern aller Fehlerdefinitionen festlegen:

> Fehler sind eine Abweichung von einem als richtig angesehenen Verhalten oder von einem gewünschten Handlungsziel, das der Handelnde eigentlich hätte ausführen bzw. erreichen können (Hofinger 2012, S. 40).

Hiermit sind die wesentlichen Kernelemente benannt:

Konkretisierung des Fehlerbegriffs:
- Bei Fehlern geht es immer um *menschliches Handeln,* und nicht um technische Störungen. Maschinen machen keine Fehler. Sie können nur ungünstig konstruiert, falsch programmiert, schlecht verwendet oder schlicht defekt sein.
- Der Fehler kann sowohl im *Handlungsprozess* wie im *Handlungsergebnis* liegen. Das heißt, ein und dieselbe Handlung können je nach den Rahmenbedingungen einer Situation ganz unterschiedliche Konsequenzen und Fehler hervorrufen.

© Springer Fachmedien Wiesbaden GmbH, ein Teil von Springer Nature 2019
S. Rascher, *Just Culture in Organisationen,* essentials,
https://doi.org/10.1007/978-3-658-25851-1_4

- Im Gegensatz zum Irrtum, bei dem das nötige Wissen und Können zu einer richtigen Handlungsausführung nicht verfügbar war, setzen Fehler eine *Absicht* (Intention) voraus, die nicht wie geplant ausgeführt wird (vgl. Weimer, 1925)
- Was ein Fehler ist, wird anhand eines Zielkriteriums entschieden. Damit setzt die Bezeichnung eines Fehlers immer eine *subjektive Bewertung* voraus.

Die Gründe, weshalb Menschen Fehler machen, können ganz unterschiedlich sein. Und genau hier liegt der entscheidende Punkt: Nur, wenn man versteht, weshalb ein Fehler gemacht wurde, kann man ihn genauer analysieren und Möglichkeiten entwickeln, ihn zukünftig vorzubeugen.

Wodurch Fehler verursacht werden 5

Wenn es um die Ursachenfindung menschlicher Fehler geht, wurden diese in der Vergangenheit meist ausschließlich in den handelnden Personen selbst gesucht. Auch bei der Analyse von Arbeits-, Verkehrs- oder Flugunfällen war der Blick meist auf die *eine* falsche Handlung gerichtet, die den Unfall verursacht hatte. Diese Sicht auf den fehlerverursachenden Menschen führt schnell zu einer Haltung, bei der es zentral um das „naming, blaming, shaming" eines vermeintlich Verantwortlichen geht. Die Suche nach Schuldigen steht heute noch in vielen Organisationen im Vordergrund, wenn es um die Aufarbeitung von Fehlern geht. Was aus juristischer Sicht vielleicht interessant sein mag, ist für die Organisation und ihre langfristige Optimierung jedoch kaum hilfreich. Heute weiß man, dass die rein personenbedingte Sicht auf Fehler zu kurz greift und wichtige Ansatzpunkte für Sicherheitsmaßnahmen übersieht.

Seit den 1980er Jahren und einer Häufung spektakulärer Unfälle wie dem Reaktorunfall in Tschernobyl, dem Absturz der Challenger oder dem Fährunglück Herold of Free Enterprise wurde immer deutlicher, dass selten die eine falsche Handlung zu Unfällen in komplexen Systemen führt. Meist führt eine Verkettung verschiedener Handlungen oder Ereignisse auf mehreren Ebenen dazu, dass ein unerwünschtes Ereignis, ein Zwischenfall oder ein Unfall eintritt.

Die Unterscheidung von personenbedingten und systembedingten Auslösern von Fehlern ist daher zentral, um sowohl in der Analyse als auch in der späteren Erarbeitung von Maßnahmen alle Faktoren mit ihren jeweiligen Rahmenbedingungen berücksichtigen zu können.

Organisationen, die von einer konstruktiven Fehlerkultur geprägt sind, fragen daher *nicht, wer* den Fehler begangen hat. Sie konzentrieren sich vielmehr auf die Fragen, *was* genau passiert ist, *wodurch* es verursacht wurde und *wie* man den oder die Fehler zukünftig vermeiden kann (vgl. Abb. 5.1). Es findet also eine

© Springer Fachmedien Wiesbaden GmbH, ein Teil von Springer Nature 2019   17
S. Rascher, *Just Culture in Organisationen*, essentials,
https://doi.org/10.1007/978-3-658-25851-1_5

Abb. 5.1 Die 3-W einer
konstruktiven Fehlerkultur.
(Abbildung der Autorin)

sorgfältige Analyse des oder der Fehler selbst statt, eine genaue Untersuchung der person- und systembedingten Auslöser des Fehlers und die Analyse von Maßnahmen, die den bzw. die Fehler zukünftig verhindern können.

Sobald genau analysiert ist, welche Art von Fehler bzw. welches unerwünschte Ereignis vorliegt, kann die Suche nach den Fehlerursachen beginnen. Die Frage, wodurch genau ein Fehler, ein Vorfall oder ein Unfall verursacht wurde, liefert wesentliche Anhaltspunkte, die für eine erfolgreiche spätere Maßnahmenplanung entscheidend sind.

Im Wesentlichen lassen sich acht verschiedene Gründe menschlicher Fehler unterscheiden, wobei in der Praxis auch eine Kombination verschiedener Fehlerursachen anzutreffen ist.

5.1   Fehlerhafte Wahrnehmung

Nur ein Bruchteil dessen, was sich vor unseren Augen abspielt, schafft es in unser Bewusstsein. Dabei ist uns nicht klar, wie lückenhaft unsere Wahrnehmung ist. Wir halten das, was wir sehen, für die objektive Realität.

Schaefer (2014, S. 28) erklärt dieses Phänomen wie folgt:

In Wahrheit ist Wahrnehmung hoch komplex für unser Gehirn. Aus dem Strom der Lichtreflexe, die auf die Retina treffen und dort in Nervenimpulse umgewandelt werden, sortiert das Gehirn rasend schnell Bekanntes und Unbekanntes, kategorisiert Konzepte (dies ist ein Stuhl, hier ein Tisch) und baut daraus ein logisch erscheinendes Abbild der Realität auf. Was unser Gehirn aus dieser Gemengelage konstruiert und was wir für die Realität halten, ist in Wahrheit eine hoch individuelle, emotionale, selektive Auslegung dessen, was sich vor unseren Augen abspielt.

Unser Sehsystem „schaut" oft nicht genau hin, um uns ein Bild von der Welt zu verschaffen. Stattdessen baut es auf Erfahrungen. Augen und Gehirn zusammen zeigen uns die Welt, wie wir sie vermuten. Wir erinnern uns daran, wie die Dinge immer ausgesehen haben, und rekonstruieren so unsere Wirklichkeit.

Sehen wir beispielsweise einen Tisch, so nehmen wir nicht jede einzelne Stelle wahr. Das wäre viel zu aufwendig und zeitintensiv. Stattdessen scannen wir grob Merkmale und Umrisslinien. Das Gehirn vergleicht diese dann mit den Objekten, die im Gedächtnis gespeichert sind. Da wir schon oft einen Tisch gesehen haben, fällt es dem Gehirn nicht schwer, aus rudimentären Informationen ein komplettes Bild des Tischs aufzubauen. Dieses Verfahren ist zwar effektiv, aber nicht fehlerfrei.

Mithilfe optischer Täuschungen können wir uns schnell klarmachen, wie ungenau und subjektiv geprägt unsere Wahrnehmung ist. So nehmen zum Beispiel die meisten Menschen, die von Roger N. Shepard entwickelten „Shepard-Tische" als unterschiedlich groß wahr. In Wirklichkeit sind sie jedoch genau gleich groß. Schneidet man die Fläche der linken Tischplatte aus und dreht sie um 90 Grad im Uhrzeigersinn, passt sie genau auf die Fläche der rechten Tischplatte (s. Abb. 5.2).

Die sogenannte Fluchtpunktperspektive ist der Grund für die fehlerhafte Annahme des menschlichen Gehirns über die Größe der Tischplatte. Die optische Täuschung entsteht durch die Vermischung der zweidimensionalen Ansicht – hier in der Abbildung – und der dreidimensionalen Wirklichkeit. Unsere Umwelt ist räumlich, deren Abbild auf der Netzhaut erscheint jedoch flach. Die dritte Dimension muss unser Gehirn somit rekonstruieren und dabei schleichen sich Fehler ein, wie die Shepard-Tische anschaulich demonstrieren.

In der wirklichen Welt ist ein Tisch immer ein Rechteck – und nicht, wie bei der optischen Täuschung des Psychologen Roger Shepard, ein Parallelogramm. Unser Gehirn sieht aber etwas Tischähnliches und konstruiert aus der Erfahrung heraus einen gewöhnlichen Tisch. Es kompensiert somit die eigentliche Verzerrung der Tische.

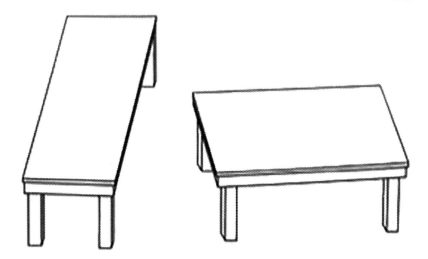

Abb. 5.2 Shepard-Tische. (Entnommen aus „Die 100 besten optischen Illusionen,
moses-Verlag)

Unsere fehleranfällige Wahrnehmung macht uns Menschen deshalb auch
zu denkbar ungeeigneten Tat- oder Unfallzeugen. Oft haben wir nämlich den
genauen Verlauf einer Tat oder eines Unfalls gar nicht gesehen, sondern nur
das jeweilige Endergebnis, wie beispielsweise das demolierte Auto oder das
am Boden liegende Opfer. Daraus rekonstruieren wir dann aber, wie es dazu
gekommen sein muss. Unser Gehirn bessert die blinden Flecken in der Wahrnehmung also aus. Und umso häufiger wir diese Geschichte anschließend erzäh-
len, umso sicherer sind wir, dass sich alles genau so abgespielt hat.

Dies hat teilweise dramatische Konsequenzen: Etwa jede Woche wird in den
USA ein zu Unrecht Verurteilter wieder freigesprochen, wobei die Betroffenen
durchschnittlich elf Jahre Gefängnisaufenthalt hinter sich haben. Und fast die
Hälfte der fälschlicherweise Inhaftierten wurde aufgrund fehlerhafter Zeugenaus-
sagen verurteilt (Schäfer 2014).

Es ist daher entscheidend, dass wir uns unserer unvollständigen und fehler-
anfälligen Wahrnehmung bewusst werden. Denn aus unseren Wahrnehmungen
werden Erfahrungen und aus diesen konstruieren wir unser Weltbild, das die
Basis unserer Entscheidungen und vermeintlicher Tatsachenberichte ist.

5.2 Falsche Schlussfolgerungen

Aus den ohnehin nur bruchstückhaft wahrgenommenen Informationen ziehen wir Menschen häufig noch falsche Schlussfolgerungen. Der Nobelpreisträger Daniel Kahneman und sein Kollege Amos Tversky (2012) haben zu diesem Phänomen verschiedene Experimente durchgeführt, die unter dem Namen der fiktiven Person „Linda" bekannt geworden sind (vgl. Abb. 5.3).

Beispiel

Das Linda- Experiment:
Linda wurde den Versuchspersonen wie folgt beschrieben: „Linda ist 31 Jahre alt, Single, freimütig und sehr intelligent. Sie hat Philosophie im Hauptfach studiert. Als Studentin interessierte sie sich sehr für Themen wie Diskriminierung und soziale Gerechtigkeit, und sie nahm auch an Anti-Atomkraft-Protesten teil."

Abb. 5.3 Lösung des Linda-Experiments nach Kahneman (2012). (Abbildung der Autorin)

Danach wurden die Versuchspersonen gefragt, welche Alternative wahrscheinlicher ist:

A) Linda ist eine Bankkassiererin
B) Linda ist eine Bankkassiererin und in der feministischen Bewegung aktiv?

Etwas 85 bis 90 % der Befragten entschieden sich für Antwort B und damit für die falsche Lösung.

Warum liegen so viele der Befragten falsch? Linda entspricht in unserer Vorstellung eher einer „feministischen Bankkassiererin" als dem Stereotyp einer Bankkassiererin. Die Besonderheit liegt in den Wahrscheinlichkeitsurteilen, weil zwischen beiden Szenarien ein logischer Zusammenhang besteht. Die Menge der feministischen Bankkassiererinnen ist aber vollständig in der Menge aller Bankkassiererinnen enthalten, da jede feministische Bankkassiererin eine Bankkassiererin ist.

Wenn man ein potenzielles Ereignis detaillierter beschreibt, kann man rein logisch gesehen seine Wahrscheinlichkeit nur verringern. Das Szenario löst damit einen Konflikt zwischen Plausibilität und statistischer Wahrscheinlichkeit aus.

Kahneman (2012) bezeichnet diesen Fehler als „Konjunktionsfehlschluss". Hierbei beurteilen Menschen eine Verknüpfung zweier Ereignisse (im Experiment Bankkassiererin und Feministin) als wahrscheinlicher als nur eines der beiden Ereignisse (Bankkassiererin).

Er begründet diese fehlerhafte Schlussfolgerung mit Repräsentativitätsurteilen (Ähnlichkeit mit Stereotypen): „Repräsentativität gehört zu einem Cluster eng miteinander verbundener grundlegender Bewertungen, die mit hoher Wahrscheinlichkeit gemeinsam generiert werden. Die repräsentativsten Ergebnisse führen in Verbindung mit der Persönlichkeitsbeschreibung zu den kohärentesten Geschichten. Diese kohärenten Geschichten sind nicht unbedingt die wahrscheinlichsten, aber sie sind plausibel" (Kahneman 2012, S. 198).

Umso detailreicher Szenarien sind, umso überzeugender wirken sie auf uns, aber desto geringer ist ihre statistische Wahrscheinlichkeit. Die Konzepte der Kohärenz, Plausibilität und Wahrscheinlichkeit sind für die meisten Menschen nicht leicht auseinander zu halten. Und weder im Schulunterricht noch in späteren Ausbildungen oder Studiengängen werden wir dafür sensibilisiert, das Eine vom Anderen zu unterscheiden.

5.3 Sozialer Druck

Die Ursache vieler Unfälle lässt sich auf Kommunikationsprobleme oder Koordinationsschwierigkeiten innerhalb der betroffenen Gruppe zurückführen (vgl. Badke-Schaub 2012). Es stellt sich die grundlegende Frage, wie Teams und Teamprozesse gestaltet werden müssen, damit sie auch unter Extrembedingungen (z. B. hohem Zeitdruck, fehlenden Informationen) fehlerfrei und effektiv arbeiten können.

Wesentlich ist eine Koordinationsfunktion, die Gruppen zukommt, da sie die Arbeit verschiedener Teilbereiche koordinieren und so für eine reibungslose Zusammenarbeit sorgen. Darüber hinaus repräsentieren Gruppen durch ihre unterschiedlichen Mitglieder auch verschiedene Interessensgruppen und sorgen so für eine wahrgenommene Interessensgerechtigkeit in der Organisation. Nicht zuletzt kommt Gruppen eine Verantwortungsfunktion zu. Entscheidungen werden nicht von einzelnen Personen, sondern von der Gruppe getroffen und damit die Verantwortung auf mehrere Schultern verteilt.

Boulding zeigte bereits 1978, dass Gruppen auch zur Befriedigung des *Affiliationsbedürfnisses,* also dem Bedürfnis nach sozialen Kontakten bzw. nach Legitimationssignalen, beitragen. Diese Gruppenangleichung trägt zur *Gruppenkohäsion* bei und steigert demnach das Zusammengehörigkeitsgefühl. Endokrinologen konnten sogar nachweisen, dass das Hormon Oxytocin von solchen affiliativen Verbindungen massiv beeinflusst wird (vgl. Dörner 2014).

Eine hohe Gruppenkohäsion geht allerdings nicht nur mit Vorteilen für die Gruppen selbst und ihre Entscheidungen einher. Eine der negativen Folgeerscheinungen eines hohen Zusammengehörigkeitsgefühls wird als *Groupthink* bezeichnet (vgl. Janis 1972). Demzufolge neigen Gruppen dann zu fehlerträchtigen Entscheidungen, wenn das Gefühl der Gemeinsamkeit in der Gruppe wichtiger ist als das kritische Hinterfragen von Entscheidungen, was möglicherweise zu Unruhe und Bildung von Subgruppen führen könnte.

Die Gefahr von Groupthink wird durch strukturelle Fehler der Organisation (z. B. fehlende Heterogenität der Gruppe) und bestimmten Rahmenbedingungen wie beispielsweise psychischen Stress zusätzlich erhöht. Die Konsequenz sind Entscheidungen, die nach Janis (1982) durch eine unzureichende Reflexion der Handlungsziele, eine fehlende oder unvollständige Berücksichtigung der Handlungsalternativen, eine Unterschätzung der Risiken der bevorzugten Entscheidungsalternative, eine fehlende Neubewertung der bereits verworfenen Alternativen und eine selektive Informationssuche gekennzeichnet sind.

Das Phänomen des Groupthink ist eng verbunden mit dem sogenannten *Konformitätseffekt.* Hiermit hat sich der Psychologe Solomon Asch (1951) im Rahmen seiner sogenannten Konformitätsexperimente intensiv auseinandergesetzt. Sind Menschen mit Urteilen konfrontiert, die konträr zu ihren eigenen sind, ändern sie ihre Meinung häufig in Richtung der Gruppenmehrheit, auch wenn diese offensichtlich falsch ist.

Der Konformitätseffekt wird begünstigt, wenn das Team aus wenigen Mitgliedern besteht, diese durch gemeinsame Ziele und Normen miteinander verbunden sind, räumliche Nähe besteht, die Gruppe von Standpunkten außerhalb des Teams isoliert wird und hoher Zeitdruck besteht.

Hierauf aufbauend kommt James Surowiecki (2005) in seiner Arbeit zu dem Schluss, dass Gruppen nur dann bessere Ergebnisse als Einzelpersonen erzielen, wenn alle Teammitglieder unabhängig denken, mentale Entscheidungsmechanismen wie Abstimmungen eingesetzt werden und alle Mitglieder der Gruppe zu eigenverantwortlichem Handeln ermutigt werden.

5.4   Stress

Der meist negativ assoziierte Begriff „Stress" bezeichnet zunächst „die Summe aller auf uns einwirkenden Reize" (Ebermann und Fahnenbruck 2011, S. 120). Während unter Eustress positiver Stress verstanden wird, der zur Gesunderhaltung des gesamten Organismus nötig ist, ist Dystress als schädigender Stress definiert, der unser körperliches und seelisches Gleichgewicht auf Dauer stört und damit unseren Organismus schädigen kann.

Der menschliche Körper befindet sich in einem ständigen Wechsel zwischen Aktivierung und Ruhe bzw. zwischen Anspannung und Erholung. Die Phase der Aktivierung und Anspannung ist die Stressphase. Wenn Stressphasen gegenüber Erholungsphasen deutlich überhandnehmen, stimmt das körperliche Gleichgewicht nicht mehr und es entwickelt sich zunehmend Dystress. Genauso wird dieses Gleichgewicht gestört, wenn Phasen der Anspannung dauerhaft fehlen und Ruhezeiten überwiegen. Auch dieser Prozess kann negative Folgen haben, wie beispielsweise das schnelle Vergreisen älterer Menschen nach Ende ihres Berufslebens.

Für Piloten gehört der kompetente Umgang mit Stress zu ihrem Arbeitsalltag, denn ihre Aufgaben und Arbeitsbedingungen sind durch die klassischen Attribute eines hohen Stresslevels gekennzeichnet. Hierzu zählen unter anderem hohe Verantwortung, Mehrfachbelastung, Zeitdruck, Lärm und ein sich kontinuierlich veränderndes Umfeld. Ebermann und Fahnenbruck (2011) zufolge beeinflusst

Stress die Zusammenarbeit innerhalb der Flugzeugbesatzung wesentlich. Die Informationsverarbeitung, die Kommunikation, die Entscheidungsfindung und die Neigung zu Fehlern werden von zu viel, aber auch von zu wenig Stress direkt beeinflusst.

Im Prozess der Informationsverarbeitung und der Entscheidungsfindung führt viel Stress zu einer eingeschränkten Aufnahmefähigkeit. Unter hohem Stress tun wir uns schwer damit, die uns vorliegenden Informationen richtig einzuordnen und zwischen verschiedenen Alternativen zu wählen. Gleichzeitig ist die Entscheidungsfindung (oder der Mangel an Entscheidungsmöglichkeiten) einer der größten Stressauslöser im Cockpit. Der Druck, in komplexen, zeitkritischen und selten auftretenden Umständen eine angemessene Entscheidung treffen zu müssen, wird als einer der Hauptursachen für mentale Belastungen angesehen.

Mit großem Zeitdruck erhöht sich gleichzeitig die Bereitschaft, sich auf riskante Entscheidungen einzulassen. Führen diese riskanten Entscheidungen zu Misserfolgen, lässt sich häufig eine Tendenz beobachten, die Situation um jeden Preis bewältigen zu müssen, eventuell auch unter Missachtung der vorgeschriebenen Regeln. Die Besatzung befindet sich dann bereits in der sogenannten „Poor Judgement Chain" (vgl. Ebermann und Fahnenbruck 2011).

Von außen lässt sich eine hohe Stressbelastung oft durch die Verminderung der verbalen Kommunikation beobachten. Dieser Rückgang beziehungsweise der komplette Wegfall von Kommunikation ist einer der häufigsten Gründe in der Kausalkette, die zu Unfällen führen.

Stressoren lassen sich nach Ebermann und Fahnebruck (2011) in drei Gruppen unterteilen. Zur ersten Gruppe der *physischen Stressoren* zählen beispielsweise Lärm, Vibration, Temperatur, Feuchtigkeitsextreme oder Mangel an Sauerstoff. Die zweite Gruppe der Stressoren bezieht sich auf *physiologische Aspekte* wie Müdigkeit, Krankheit, verpasste Mahlzeiten oder schlechte körperliche Verfassung. Die dritte Gruppe der *psychologischen Stressoren* verweist auf Belastungen wie mentalen Workload, soziale Schwierigkeiten oder Ängste. Auch besondere Lebensereignisse wie der Tod von nahen Angehörigen, Scheidung, finanzielle Probleme, Geburt eines Kindes, Hausbau usw. können besondere Stressoren darstellen.

Der Zusammenhang zwischen Stress und Leistung ist bereits seit Anfang des 20. Jahrhunderts bekannt. Robert Yerkes und John Dodson (1908) haben sich im Rahmen ihrer Forschungsarbeiten mit dem Zusammenhang zwischen der kognitiven Leistungsfähigkeit und dem allgemeinen nervösen Erregungsniveau beschäftigt.

Das von den Autoren beschriebene „Yerkes-Dodson-Gesetz" beschreibt den umgekehrt u-förmigen Zusammenhang zwischen der physiologischen Aktivierung eines Menschen und seiner Leistungsfähigkeit. Jede Aufgabe erfordert demnach ein spezifisches Erregungslevel, um sie optimal bewältigen zu können. Einige Aufgaben werden mit hohen Erregungsniveaus besser bewerkstelligt, andere mit eher moderaten. Bei einigen Aufgaben ist die Leistung am höchsten, wenn das Erregungsniveau relativ gering ist. Der Schlüssel zum Erregungsniveau ist dabei die Aufgabenschwierigkeit. Bei schwierigen und komplexen Aufgaben liegt das optimale Erregungsniveau am unteren Ende des Kontinuums. Nimmt die Schwierigkeit ab, liegt das optimale Niveau zur Erzielung der besten Leistung höher (vgl. Zimbardo und Gerrig 2004).

Ist das Erregungslevel zu niedrig, sind Langeweile, Müdigkeit, Frustration und Unzufriedenheit die Folge. Bei zu vielen Stressoren hingegen zeigen sich Anzeichen von Erschöpfung, unzureichende Problemlösekompetenz, geringes Selbstwertgefühl und Krankheit. Ein optimales, mittleres Erregungslevel ermöglicht im Gegensatz dazu Kreativität, persönliche Weiterentwicklung, Zufriedenheit und eine kompetente Problemlösekompetenz.

5.5   Selbstüberschätzung

Halten Sie sich auch für einen besseren Autofahrer als den durchschnittlichen deutschen Autofahrer? Dann sind Sie in guter Gesellschaft, denn ähnlich überdurchschnittlich stufen sich rund 90 % der befragten Autofahrer ein (vgl. Kruger und Dunning 1999). Kompetenzen wie Autofahren sind allerdings statistisch normalverteilt. Statistisch gesehen ist es daher eher unwahrscheinlich, überdurchschnittlich gut Auto fahren zu können.

Der nach den Autoren benannte „Dunning-Kruger-Effekt" bezeichnet die Tendenz, das eigene Können zu überschätzen und die Leistung anderer Personen zu unterschätzen. In ihrer Untersuchung zeigten die Forscher auf, dass Versuchspersonen das Ausmaß ihrer Inkompetenz meist nicht zu erkennen vermögen. Interessanterweise zeigte sich insbesondere bei den wenig kompetenten Versuchspersonen erhöhte Selbstüberschätzung. Umso mehr eine Versuchsperson leisten konnte, umso selbstkritischer beurteilte sie ihre eigene Leistung.

Dunning erklärt in einem Interview (vgl. Morris 2010) diesen Effekt wie folgt. Die Fähigkeiten, die man braucht, um eine richtige Lösung zu finden, sind genau jene Fähigkeiten, die man braucht, um eine Lösung als richtig zu erkennen. Die Autoren konnten allerdings auch nachweisen, dass sich durch Bildung und Übung nicht nur die fachliche Kompetenz selbst steigern ließ, sondern auch das Vermögen, sich und andere realistischer einzuschätzen.

Die Kombination aus Selbstüberschätzung und fehlerhafter Wahrnehmung ist der ideale Nährboden für Irrtümer und Fehler. Umso wichtiger ist es, Menschen in ihren Grundkompetenzen zu fördern, um somit eine kritische Reflexion der eigenen Fähigkeiten erst zu ermöglichen. Oder um es mit Sokrates zu sagen: „Ich weiß, dass ich nichts weiß."

5.6 Sorglosigkeit

Eng verbunden mit der Selbstüberschätzung ist das Phänomen der Sorglosigkeit (engl. Complacency). Sie beschreibt einen entspannten, lockeren Zustand der zufriedenen Übereinstimmung mit der aktuellen Situation. In diesem Zustand fehlt eine gewisse Wachsamkeit, die aus der Vorstellung für die möglichen Konsequenzen der eigenen Entscheidungen, Aktionen oder Unterlassungen entstehen müsste. Diese fehlende Vorstellungskraft führt dazu, dass ein Antizipieren möglicher Konsequenzen ausbleibt.

Die aktive Risikoabschätzung ist eine der zentralen Aufgaben von Piloten. Die Fähigkeit, mögliche Gefahren antizipieren zu können und damit gedanklich „vor dem Flugzeug" zu sein, entwickelt sich durch die bewusste Verarbeitung von selbst Erlebtem, dem Nachvollziehen von Situationen, die andere erlebt haben und im Rahmen entsprechender Trainings.

Funktioniert die aktive Risikoabschätzung, sorgt sie für lange Perioden ohne Zwischenfälle oder Unfälle. Bestimmte Rahmenbedingungen wie lange Perioden ohne Zwischenfälle, Zeit- und Erfolgsdruck, schlechte Stimmung und zu starke Fixierung auf ein Ziel begünstigen aber das Phänomen der Sorglosigkeit und erhöhen das Risiko für Zwischenfälle oder Unfälle enorm.

Im Arbeitsleben lässt sich complacency besonders bei sehr erfahrenen Mitarbeitern beobachten, die langjährig erfahren sind und routiniert ihren Aufgaben nachgehen. Die anfangs praktizierte Sorgfalt weicht zunehmend einem nachlässigen Verhalten, bei dem sich Fehler einschleichen. Werden diese dann nicht durch kritische Selbstreflexion wahrgenommen oder von Kollegen bemerkt, kann der Fehler ungehindert die nächsten Sicherheitsbarrieren passieren. In der Luftfahrt hat sich daher in Trainings der Merksatz etabliert: „Complacency kills!"

5.7 Unterschätzung von Komplexität

Werden wir mit Aufgaben konfrontiert, die zu komplex sind, als dass wir sie spontan lösen können, greifen wir oft auf sogenannte *Heuristiken* zurück. Hierunter versteht man in der Psychologie „Strategien oder Daumenregeln, die bei der Lösung einer komplizierten Schlussfolgerungsaufgabe oft als Vereinfachung, sozusagen als Patentlösung, verwendet werden" (Zimbardo und Gerrig 2004, S. 374). Diese „mentalen Abkürzungen" führen mit relativ geringer Denkenergie zu einem passablen Ergebnis, sind jedoch verhältnismäßig fehleranfällig.

Hilfreich sind Heuristiken immer dann, wenn wir aus einer Flut von Informationen eine schnelle Entscheidung treffen müssen. Verlassen wir beispielsweise in einer fremden Stadt die U-Bahn und müssen uns entscheiden, in welche Richtung wir das Gleis verlassen, folgen wir meist der Menschenmasse, die Richtung Ausgang strömt. In diesem Fall werden wir sehr wahrscheinlich mit dieser Strategie auch zu einem zufriedenstellenden Ergebnis kommen.

Anders verhält sich dies im Umgang mit Zahlen. Werden Menschen mit Zahlen konfrontiert, die sie überfordern, suchen wir Halt, indem wir uns an einer zufällig hingeworfenen Zahl orientieren. Mit dieser *„Ankerheuristik"* hat sich der amerikanische Verhaltensökonom Dan Ariely (2010) beschäftigt.

In seinem Versuch bat er Studierende, ein Kaufgebot für eine kabellose Computermaus und eine Computertastatur abzugeben. Zuvor hatte er seine Versuchspersonen gebeten, die letzten zwei Ziffern ihrer Sozialversicherungsnummer aufzuschreiben und gefragt, ob sie bereit wären, diese fiktive Summe für die Auktionsobjekte zu zahlen. Danach sollten die Studierenden ihr echtes Gebot für die Computermaus und -tastatur abgeben. Das Ergebnis war mehr als überraschend: Weit wichtiger als der reale Wert der Auktionsobjekte war die vollkommen zufällige Sozialversicherungsnummer. Die Versuchspersonen mit den höchsten Endziffern boten im Schnitt mehr als dreimal so viel wie die Studierenden, deren Sozialversicherungsnummer am niedrigsten lag.

Bei der Untersuchung der Ankerheuristik ist vor allem interessant, wie leicht wir uns in unserer Einschätzung beeinflussen lassen, auch wenn wir selbst glauben, absolut rational zu handeln. Gleichzeitig sind wir uns dieser Schwäche nicht bewusst. Wurden die Versuchspersonen auf die Beeinflussung durch ihre Sozialversicherungsnummer hingewiesen, war dennoch die Mehrheit von ihnen sicher, allein den Wert der Ware im Blick gehabt zu haben.

Dies ist aber der erste Schritt zu einem kompetenten Fehlermanagement: Nur wenn wir uns bei schwierigen Entscheidungen bewusst sind, dass wir im Umgang mit komplexen Systeme zu einfachen Schlüssen neigen und damit in eine Denkfalle tappen, können wir diese rechtzeitig umgehen und dafür sorgen, wichtige Entscheidungen nicht spontan treffen zu müssen.

5.8 Bewusste Regelverstöße

In bestimmten Situationen verstoßen Menschen allerdings auch bewusst gegen Regeln. Oft geht es dabei schlicht und einfach darum, sich wie beim Parken im Halteverbot einen persönlichen Vorteil zu verschaffen.

Ein weiterer Grund, weshalb Menschen bewusste Regelverstöße begehen, ist die Tatsache, dass manche Regeln keinen Sinn mehr zu machen scheinen. Dekker (2017) weist darauf hin, dass unsere Arbeits- und Lebenswelt sich rasanter verändert und komplexer ist, als die Regeln, mit denen wir in ihr agieren wollen. Die einzige Möglichkeit, um damit gut umgehen zu können, ist sich ständig neu anzupassen und schnell zu lernen. Die von Dekker (2017) als „Resilienz-Theorie" bezeichnete Form des Regelverstoßes bezieht sich also darauf, dass Menschen bei ihrem kontinuierlichen Lern- und Anpassungsprozess nicht umhinkommen, gegen bestehende Regen zu verstoßen, da diese zwischenzeitlich schlicht und einfach überholt sind.

Es gibt allerdings auch moralische Dilemmata, die der Grund dafür sein können, dass Menschen bewusst eine Regel verletzen. Ein solches Dilemmata greift der Autor Ferdinand von Schirach in seinem Theaterstück und Buch „Terror" (2016) auf. Hauptperson ist der Pilot eines Kampfjets der Bundeswehr, der sich vor Gericht zu verantworten hat. Sein Auftrag war es, ein von Terroristen gekapertes Flugzeug mit 164 Menschen an Bord vom Kurs abzudrängen. Als die Maschine auf die mit 70.000 Menschen ausverkaufte Allianz-Arena zusteuert, entscheidet er sich, das Flugzeug ohne ausdrücklichen Befehl seiner Vorgesetzten abzuschießen.

Welche Gründe kann es geben, um ein Unheil durch ein anderes, vermeintlich kleineres Unheil abzuwehren? Darf man Leben gegen Leben, gleich welcher Zahl, gegeneinander abwiegen? Und wer trägt die Verantwortung? Diese Fragen sind Merkmale eines klassischen „Dilemmata", das zwei oder mehr Entscheidungsmöglichkeiten bietet, die alle zu einem unerwünschten Ergebnis führen. Die Ausweglosigkeit dieser Entscheidungssituation wird als paradox empfunden und wirft grundlegende moralische Fragen auf.

Nicht immer geht es bei Regelverstößen aber Fragen einer moralischen Entscheidungsfindung. Oft geht es schlicht und einfach darum, sich selbst zu begünstigen oder andere zu schädigen. Oft sind solche Regelverstöße im Rahmen von „Mikropolitik" zu beobachten, also dem Arsenal der alltäglichen Methoden, mit denen innerhalb von Organisationen Macht aufgebaut und eingesetzt wird.

Neuberger (2006) fasst die Vielzahl der Definitionen von Mikropolitik wie folgt zusammen.

Mikropolitik ist ein von der Organisation nicht gebilligtes, selbstdienliches Verhalten, das den Zielen der Organisation oder den Interessen der anderen Organisationsmitglieder entgegengesetzt ist, das in sich entzweiend und konkurrierend ist und potenziell zum Nachteil anderer auf die Erlangung individueller Macht gerichtet ist.

Der Begriff macht deutlich, dass Menschen in Organisationen im Sinne eines Machtkampfs Eigeninteressen verfolgen und dabei die sozialen Strukturen und menschlichen Beziehungen mitgestalten. Solche mikropolitischen Prozesse finden sich besonders dann, wenn eine zentral kontrollierende Instanz fehlt oder die Zielsetzung der Organisation nicht klar genug definiert ist.

Hinweise auf Mikropolitik sind beispielsweise das Hinzuziehen von Vorgesetzten, das Filtern, Schönen oder Zurückhalten von Informationen, die Verbreitung von Gerüchten, die Veränderung von Regeln und Normen zum eigenen Vorteil, die Bildung von Seilschaften oder die Androhung von Sanktionen. Der Einsatz dieser Machtmethoden dient meistens dem Ziel des eigenen Aufstiegs innerhalb der Organisation, einer besseren Bezahlung, der Erweiterung des eigenen Handlungsspielraums, dem Erhalt von Ressourcen oder Statussymbolen oder dem Versuch, sich selbst oder die eigene Arbeitskraft der offiziellen Kontrolle zu entziehen (z. B. durch Absentismus oder innere Kündigung).

Solche mikropolitischen Phänomene lassen sich vermeiden, indem Entscheidungswege offen gelegt werden, für Transparenz der Ziele und Zielerreichungswege im Rahmen von Berichtswesen und Controlling gesorgt wird, klare Kommunikationswege mit verbindlichen Ansprechpartnern benannt werden, eine eindeutige Regelung von Kompetenzen und Befugnissen vorliegt sowie für ein offenes und faires Austragen von Konflikten und Unstimmigkeiten gesorgt wird.

Die Auflistung personenbedingter Fehlerursachen kann nur einen ersten Überblick über die Ursachen menschlicher Fehler geben. Insbesondere bei den bewussten Regelverstößen wird deutlich, dass eine klare Unterscheidung individueller Fehlleistungen und systembedingter Fehler in der Praxis kaum möglich und auch wenig sinnvoll ist. Daher soll im folgenden Abschnitt der Personansatz um den Systemansatz erweitert werden.

Vom Personansatz zum Systemansatz

6

Lange Zeit wurden Fehler in erster Linie als Fehlleistung einer oder mehrerer Personen betrachtet. Man war darauf konzentriert, den *einen* entscheidenden Fehler und seinen Verursacher zu finden.

Diese Perspektive mit dem Blick auf den fehlerverursachenden Menschen und seine Handlungen führt schnell zu einer Haltung des „naming, blaming, shaming" (Hofinger, 2012) und ist in vielen Branchen leider heute noch anzutreffen. Erst seit den 1980er Jahren und intensiven Unfalluntersuchungen (Bsp. Tschernobyl, Explosion des Space Shuttle Challenger) rücken zunehmend die Bedingungen von Unfällen in komplexen, soziotechnischen Systemen in das Interesse der Untersucher.

Es hat sich zwischenzeitlich eine systemische Sicht auf Fehler entwickelt, bei der der Fehler nicht mehr als falsche Handlung, sondern als unerwünschtes Ereignis, als Unfall oder als Zwischenfall innerhalb eines soziotechnischen Systems gesehen wird.

Um ein solches Ereignis verstehen zu können, muss man seine Vorbedingungen auf allen Ebenen des Systems untersuchen, vom Design des Arbeitsplatzes über einzelne falsche Handlungsschritte bei der Arbeitstätigkeit bis zu den Ausbildungsrichtlinien oder Unternehmensregeln. Letzlich sind es immer Handlungen und Ereignisse auf verschiedenen Ebenen der Organisation, die zusammen dazu führen, dass ein unerwünschtes Ereignis eintritt.

© Springer Fachmedien Wiesbaden GmbH, ein Teil von Springer Nature 2019
S. Rascher, *Just Culture in Organisationen,* essentials,
https://doi.org/10.1007/978-3-658-25851-1_6

Wie Fehler entstehen

7

Eines der verbreitetsten systemorientierten Modelle zur Entstehung von Fehlern stammt von dem britischen Psychologen James Reason (1990) und wird auch als „Schweizer-Käse-Modell" bezeichnet (vgl. Abb. 7.1).

Das Modell stellt die verschiedenen latenten und aktiven Einflussfaktoren, die zum Zusammenbruch von komplexen Systemen führen, dar. Reason vergleicht die verschiedenen Sicherheitsebenen in Organisationen mit hintereinander liegenden Käsescheiben. Die Löcher im Käse stehen dabei für Sicherheitslücken oder mangelnde Schutzmaßnahmen des Systems. Diese Schwachstellen können ihre Größe und Lage unerwartet ändern und machen es so besonders schwierig, ihr Auftreten und ihre Ausmaße richtig einzuschätzen.

Oft werden Fehler (in Abb. 7.1 als Pfeil dargestellt) durch dahinter liegende Schutzmaßnahmen aufgefangen, so dass sie nicht wirksam und damit auch nicht sichtbar werden. Bei einer ungünstigen Kombination vieler ursächlicher Faktoren liegen die Käsescheiben jedoch auf einer Linie und ermöglichen dem Fehler, sämtliche Sicherheitsebenen zu überwinden. Der einzelne Fehler entwickelt sich so zum Schaden, zum Unfall oder zur Katastrophe.

Reason (1990) unterscheidet in seinem Modell zwischen aktivem und latentem Versagen. Latente Fehler auf Systemebene sind meist lange vor dem Unfallereignis auf der Führungs- oder Organisationsebene angelegt, bevor sie in Kombination mit aktivem Versagen von Personen und ungünstigen Umständen des Systems zum Unfall führen.

© Springer Fachmedien Wiesbaden GmbH, ein Teil von Springer Nature 2019
S. Rascher, *Just Culture in Organisationen*, essentials,
https://doi.org/10.1007/978-3-658-25851-1_7

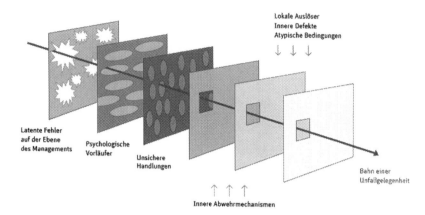

Abb. 7.1 Modell der Entstehung von Fehlern. (Reason 1990, Abb. entnommen aus St. Pierre et al., 2011, S. 60)

Welchen Einfluss Führungskräfte auf die Fehler- und Vertrauenskultur haben

Die Sicherheit in Organisationen ist mit den Handlungen und Entscheidungen ihrer Führungskräfte eng verknüpft (vgl. Grote, 2012). Diese bestimmen nicht nur durch ihr aktives Fehlermanagement, sondern auch durch die von ihnen geschaffene Fehlerkultur die Rahmenbedingungen der Arbeit ihrer Beschäftigten. Zu den die Sicherheit betreffenden zentralen Führungsaufgaben gehören zum einen die Förderung von Arbeitssicherheit, also der Schutz der Mitarbeiter vor Gefahren an ihrem Arbeitsplatz. Zum anderen sind Führungskräfte auch für die Prozesssicherheit verantwortlich, das heißt für die sichere und störungsfreie Durchführung der primären Arbeitsprozesse.

Beim Umgang mit Unsicherheiten in Organisationen lassen sich nach Grote (2012) je nach Art und Ausmaß zwei verschiedene Formen unterscheiden. Die *Minimierung von Unsicherheit* setzt komplexe, zentrale Planungssysteme voraus und eine Verringerung der operativen Handlungsspielräume durch Reglementierung und Automatisierung. Das „Wegplanen" von Unsicherheit führt gleichzeitig zu einer hohen Kopplung zwischen zentraler Planung und dezentraler Umsetzung und Autonomie.

Die Koordination in diesem Prozess erfolgt im Rahmen gegenseitiger Absprachen und über geteilte Normen und Werte. Störungen werden nicht mehr automatisch als Zeichen schlechter Planung, sondern auch als mögliche Chance für individuelles Lernen und systemische Weiterentwicklung gesehen.

Staehle (1991) zufolge kann eine wirkliche Weiterentwicklung nur durch die Beschäftigung mit dem „Nicht-Normalfall" stattfinden. Die Minimierung von Unsicherheit kann nur dann erfolgreich sein, wenn die Organisation insgesamt mit wenigen Unsicherheiten konfrontiert ist und sich in dieser stabilen Umwelt mit Routineprozessen beschäftigt.

© Springer Fachmedien Wiesbaden GmbH, ein Teil von Springer Nature 2019
S. Rascher, *Just Culture in Organisationen*, essentials,
https://doi.org/10.1007/978-3-658-25851-1_8

In Arbeitsumgebungen, die von dynamischem Wandel und sich schnell wechselnden Anforderungen geprägt sind, kann hingegen nur die *Bewältigung von Unsicherheit* zum Erfolg führen. Hieraus erwachsen verschiedene Anforderungen an Führung und Führungskräfte, die auf drei verschiedenen Ebenen zu betrachten sind.

8.1 Normative Führung

Zur *normativen Führungsaufgabe* gehört, in risikoreichen Arbeitssystemen die richtige Mischung von Minimierung und Bewältigung von Unsicherheiten zu finden. Grote (2012) empfiehlt, dass mit steigendem Ausmaß an Komplexität die Bewältigung von Unsicherheit der Minimierung von Unsicherheit vorzuziehen ist.

Zur Aufgabe der normativen Führung gehört auch, sich mit grundlegenden Werten und Grundannahmen der Organisationskultur zu beschäftigen. Ist der Mensch in der Organisation eher als Risiko- oder als Sicherheitsfaktor zu sehen? In welchem Verhältnis steht Überwachung vs. Vertrauen? Wird Technik eher als Unterstützung oder als Ersatz von Menschen gesehen?

Diese mentalen Annahmen, die das Denken und Handeln in der Organisation prägen, sind oft das größte Hemmnis für Lernen und Weiterentwicklung in Organisationen. Sie immer wieder zu hinterfragen und bewusst zu reflektieren, gehört zu den zentralen Aufgaben von Führungskräften und hat einen wesentlichen Einfluss auf sicheres und verantwortungsbewusstes Handeln in Unternehmen.

8.2 Strategische Führung

Kernaufgabe der *strategischen Führung* ist es, der Sicherheit die angemessene Priorität gegenüber anderen unternehmerischen Zielsetzungen wie Produktivität oder Effizienz zu verschaffen. Dazu gehört auch, die in der Organisation handelnden Personen für den Umgang mit Unsicherheit zu befähigen.

Dies kann beispielsweise durch eindeutige Regelungen von Arbeitsprozessen durch Technik, klare Standards und Regeln, persönliche Weisungen, wechselseitige persönliche Absprachen und kulturelle Normen umgesetzt werden. Hierbei sollte jeweils bewusst und gemeinsam festgelegt werden, wie viel Handlungsspielraum bzw. Eingriffsmöglichkeiten die verschiedenen Akteure haben sollen (vgl. Grote, 2012).

8.3   Operative Führung

Auf Ebene der *operativen Führung* ist sicherzustellen, dass die grundlegenden Funktionen der Mitarbeiterführung innerhalb der Gruppe, nämlich Kohäsion (Zusammenhalt) und Lokomotion (Bewegung Richtung Ziele) gruppenübergreifend (Grenzregulation nach außen) wahrgenommen werden. Grote (2012) weist darauf hin, dass aktuelle Metaanalysen effektive Führung eher mitarbeiterbezogen und transformational sehen und die Förderung der Selbstkompetenz in den Fokus stellen (vgl. z. B. Burke et al., 2006). In zunehmd komplexer werdenden Arbeitsorganisationen greifen aber einfache Vorgaben eines „richtigen" Führungsverhaltens zu kurz. Stattdessen müssen Führungskräfte in der Lage sein, diese Komplexität durch verschiedene und teilweise widersprüchliche Rollen und Verhaltensweisen aufzufangen. Hierzu gehört, Führung in stark standardisierten Arbeitsprozessen zurück zu nehmen oder Führung auch durch nicht formal führende Personen wahrnehmen zu lassen.

8.4   Führung in Zeiten organisationaler Veränderungen

In Zeiten einschneidender *organisationaler Veränderungen* wie beispielsweise Fusionen oder Personalabbau gehört auch die Einführung eines sicherheitsförderlichen Veränderungsmanagements zu den wesentlichen Führungsaufgaben.

Reorganisationsmaßnahmen, die starke Verunsicherung der im Unternehmen verbleibenden Mitarbeiter zur Folge haben, können sich beeinträchtigend auf die Prozess- und Arbeitssicherheit auswirken (vgl. Perron & Friedlander, 1996). Zu einem sicherheitsförderlichen Veränderungsmanagement gehören nach Grote (2012) die Wertschätzung der Beschäftigten, eine angemessene Definition und Umsetzung der Veränderung selbst, Transparenz durch möglichst schnelle, sofort kommunizierte und nachvollziehbare Entscheidungen und eine von den Entscheidungsträgern geteilte Vision.

Die Handlungen und Entscheidungen der Führungskräfte sind in sicherheitsrelevanten Branchen oder Phasen ausschlaggebend für den Erfolg des Unternehmens und die dadurch entstehende Sicherheitskultur der Organisation.

Kultur lässt sich nicht von heute auf morgen verändern. Hierfür braucht es Zeit, bewusste Reflexion und vor allem die uneingeschränkte Unterstützung des oberen Managements, das sich nicht nur in mündlichen Bekenntnissen, sondern in konkretem Handeln niederschlägt. Gemäß dem Motto „Action speaks louder than words" müssen die Mitarbeiter einer Organisation immer wieder erleben, dass die gewünschte Fehler- und Vertrauenskultur nicht nur ein Lippenbekenntnis, sondern gelebtes Miteinander ist.

Welche Erfolgsfaktoren auf den verschiedenen Ebenen der Organisation dafür sorgen, dass eine konstruktive Fehler- und Vertrauenskultur entstehen kann, wird im Folgenden am Beispiel der zivilen Luftfahrt gezeigt.

Wie die Luftfahrt eine konstruktive Fehler- und Vertrauenskultur schafft

9

Die zivile Luftfahrt und die von ihr entwickelten Maßnahmen und Haltungen für sicheres Handeln jedes Mitarbeiters, der Teams und der gesamten Organisation werden häufig als Beispiel für die erfolgreiche Anwendung von Konzepten zur Risikosteuerung verwendet.

Die konstruktive Sicherheitskultur in der Luftfahrt beruht auf zwei wesentlichen Elementen: Einer strukturierten, standardisierten Auswahl, die eine hinreichende Wahrscheinlichkeit für die „richtigen Leute am richtigen Platz" erwarten lässt und einer Unternehmenskultur, die durch verschiedene Leitsätze, Normen und Trainingsphilosophien geprägt ist. Diese sorgen für die „Sozialisation" eines neu eingestellten Mitarbeiters im Sinne einer fehlerfreundlichen Organisation und in der Weiterentwicklung dieser Einstellung während der gesamten Tätigkeit als Flugzeugführer (vgl. Rascher & Schröder, 2017).

Bei der überwiegenden Zahl der westlichen Fluggesellschaften wurden diese Grundsätze bereits vor mehr als drei Jahrzehnten in eine Sicherheitskultur integriert, die aus den Elementen Personalauswahl, Ausbildung, Training, Weiterbildung und einem nonpunitiven (nicht bestrafenden) Reporting-System besteht.

Wie diese verschiedenen Maßnahmen, Prozesse, Strukturen und Haltungen aufeinander aufbauen beziehungsweise miteinander verbunden sind, wird im folgenden Kapitel deutlich.

9.1 Die richtigen Leute im Team

Piloten sind Verantwortungs- und Entscheidungsträger in einem hoch technisierten Arbeitsumfeld. Sie arbeiten in einem komplexen System aus Elektronik und Automation, aus Information und Kommunikation mit Menschen aus der ganzen Welt. Sie müssen an der Schnittstelle Mensch-Maschine auch unter unsicheren

© Springer Fachmedien Wiesbaden GmbH, ein Teil von Springer Nature 2019
S. Rascher, *Just Culture in Organisationen*, essentials,
https://doi.org/10.1007/978-3-658-25851-1_9

Bedingungen schnelle und sichere Entscheidungen treffen und übernehmen täglich Verantwortung für eine große Zahl von Menschen.

Gleichzeitig fordert ihre Arbeit im Schichtdienst, in unterschiedlichsten Teamkonstellationen und mit wechselnden Zeit- und Klimaveränderungen hohe psychische Belastbarkeit und physische Höchstleistung. Die Anforderungen an diese Berufsgruppe sind deshalb sehr hoch und werden regelmäßig wissenschaftlich untersucht.

Stellt man in der Luftfahrt einen ungeeigneten Bewerber ein – in der Personalauswahl auch als sogenannter alpha-Fehler bezeichnet – kann dies weitreichende Folgen haben. Daher setzt man auf eine fundierte Personalauswahl, die im Rahmen eines mehrtägigen Assessment Centers durch das Testcenter Cockpit des Instituts für Luft- und Raumfahrtmedizin des DLR durchgeführt wird.

Hierzu gehören neben harten Kriterien wie bestimmten Mindest- und Maximalmaßen der Körpergröße und der medizinischen Eignung eine ausgeprägte Leistungs- und Berufsmotivation. Fachliche Eignungs- und Leistungstests erfassen sprachliche, mathematische, psychomotorische und technische Fertigkeiten und Fähigkeiten.

Neben der fachlichen Eignung wird genau so viel Wert auf die menschliche Passung gelegt. Der Bewerber muss erkennen lassen, dass er sich einem standardisierten Set von Verhaltensnormen anpassen kann, das die Interaktion innerhalb der Cockpitcrew betrifft. Darüber hinaus muss ein angemessenes „Risiko- und Problembewusstsein" zu beobachten sein, das über die direkte Cockpitarbeit hinaus geht.

Bei der Auswahl zukünftiger Copiloten wird besonders auf soziale und personale Kompetenzen wie Kommunikationsfähigkeiten, Teamorientierung, Selbstmanagement und Führungskompetenz geachtet. Neben Psychologen und Experten aus den Fachbereichen werden deshalb auch Besatzungsmitglieder eingebunden, die die Kandidaten unter dem Gesichtspunkt ihrer Passung ins Team einschätzen.

Das Auftreten und Verhalten des Kapitäns als oberste Entscheidungsinstanz an Bord prägt die Atmosphäre im Team und die dadurch entstehende Sicherheitskultur maßgeblich. Daher wird auch bei der späteren Auswahl und Ausbildung von Kapitänen, die aus der Gruppe der Copiloten rekrutiert werden, auf adäquates, mitarbeiterbezogenes und transformationales Führungsverhalten geachtet.

9.2 Kontinuierliche Qualifizierung

Die Wichtigkeit der Auswahlkriterien zieht sich auch während der Ausbildung an der Verkehrsfliegerschule wie ein roter Faden durch den gesamten Auswahl- und Ausbildungsprozess. Die Weiterentwicklung der sogenannten „Interpersonal Skills", die Grundlage einer konstruktiven und offenen Arbeitsatmosphäre im Cockpit sind, wird im Rahmen des Unterrichts durch entsprechende psychologische Inhalte und Selbstreflexion fortgeführt.

Während der Ausbildung im Simulator und dem Training im Linienflug (Line-Training) wird der positive Umgang mit eigenen Fehlern und den Fehlern anderer als fliegerische Kernkompetenz angesehen und fließt in die entsprechenden Bewertungen mit ein.

Auch nach Abschluss der Ausbildung zum Copiloten gehören regelmäßige Qualifizierungsmaßnahmen zum Alltag eines Piloten. Neben mindestens zweimal jährlich stattfindenden Checks im Flugsimulator, in denen adäquates Handeln in Notfallsituationen trainiert wird, gehören gemeinsame Notfallübungen mit der Kabinenbesatzung zum jährlichen Standardrepertoire von Piloten.

Darüber hinaus müssen sich Flugkapitäne und Copiloten einmal im Jahr einem sogenannten „Line-Check" unterziehen, bei denen sie von einem Ausbildungskapitän auf einem herkömmlichen Flug beobachtet und bewertet werden. Regelmäßige CBTs (Computer-based-Trainings) zu fachlichen Themen sowie spezielle Schulungen, in denen Erkenntnisse aus der aktuellen Unfallforschung aufgegriffen und trainiert werden, runden das Trainingsprogramm ab.

Neue Lernmethoden wie „Mental Engineering" (vgl. Kemmler, 2017) greifen die weitreichenden Veränderungen im Bereich menschlichen Lernens bei komplexen Tätigkeiten auf. Mental Engineering (ME) ist die intensive und lebhafte Vorstellung eines Handlungsablaufs ohne konkretes Handeln. Es basiert auf Erkenntnissen der Sportpsychologie und kann auch als inneres Problemhandeln oder kognitives Fertigkeitstraining bezeichnet werden.

Man geht davon aus, dass das Erleben unser Verhalten stärker steuert als unsere abstrakten Gedanken. Ziel des mentalen Kompetenz-Trainings ist es, die jeweiligen Trainingshandlungen sinnlich zu erleben, das heißt zu sehen, zu hören, zu riechen, zu schmecken und zu tasten. Zur Vorbereitung bedarf es schriftlicher Lern- und Lehrmaterialien wie beispielsweise Checklisten. Danach werden die Handlungsabläufe festgelegt und vom Trainierenden nach den zentralen Knotenpunkten gegliedert.

Die bloße Beherrschung eines Handlungsablaufs reicht nicht aus, wenn man in der falschen körperlichen Verfassung ist. Mental Engineering setzt daher nicht nur bei der Optimierung von Handlungsmustern an, sondern auch bei der Zustandsregulation, also dem körperlich-seelischen Zustand des Organismus.

Mental Eingineering setzt wie das „Resilience Engineering" (vgl. Hollnagel et al., 2011) auf individueller Ebene an, und unterstützt Menschen dabei, Komplexität unter Erfolgsdruck besser zu bewältigen. Dies ist vermehrt erforderlich, da auf organisationaler Ebene Lernprozesse immer häufiger durch permanentes Change-Management und Restrukturierungen notwendig sind.

Resilience Engineering fokussiert darauf, eine deutlichere Trennung zwischen dem Konfliktfeld „Einstellung zum Unternehmen" mit weichen Faktoren wie Arbeitszufriedenheit, Wertschätzung, Identifikation mit der Organisation und der eigenen effizienten Handlungskompetenz und Professionalität für sich vornehmen zu können. Dies setzt natürlich gegenseitiges Vertrauen und Offenheit im Umgang mit Kritik auf allen Hierarchieebenen voraus.

9.3   Klare Ziele mit Alternativen

Dass Piloten klare Ziele haben müssen, liegt auf der Hand. Denn wer nicht weiß, wohin er fliegen will, kann dort auch nicht ankommen. Die sorgfältige Planung des Wegs zum Ziel und möglicher Alternativen zu diesem Weg bestimmt wesentlich, wie souverän die Besatzung mit möglichen kurzfristigen Änderungen oder Problemen umgehen kann.

Hierzu gehört auch, dass die gesamte Cockpit- und Kabinenbesatzung im sogenannten „Briefing" (Besprechung vor dem Flug) sicher stellt, dass alle ein gemeinsames mentales Bild von dem angestrebten Ziel und möglichen Alternativen, die sich ergeben könnten, haben.

Im Briefing wird auch geklärt, ob alle Teammitglieder das erforderliche Wissen bezüglich wesentlicher Notfallverfahren besitzen und in der erforderlichen physischen und psychischen Verfassung sind, um ihre Aufgaben professionell erledigen zu können.

Zur Zielklärung gehören darüber hinaus eine intensive Vorbereitung über das Wetter am Zielort und auf dem Weg dorthin, die Infrastruktur des Zielflughafens, aber auch über mögliche alternative Landemöglichkeiten („alternates"), falls der ursprünglich geplante Zielflughafen nicht erreicht werden kann.

Anders als in vielen Projekten in der Wirtschaft wird auch während des Flugverlaufs kontinuierlich geprüft, ob der Weg zum Ziel noch der Richtige ist. In der Endphase des Fluges, dem sogenannten Landeanflug, wird das ursprüngliche Ziel nur dann noch kurzfristig und nach einem festgelegten Verfahren geändert, wenn schwerwiegende sicherheitsrelevante Gründe eine Planänderung nötig machen.

9.4 Konstruktive Kommunikation und Feedback

Kommunikation beinhaltet immer einen inhaltlichen und einen sozialen Aspekt (vgl. Watzlawick et al., 2007). Das heißt, mit jeder Äußerung senden wir nicht nur eine Botschaft auf der Sachebene, sondern sagen auch etwas aus über die Beziehung, die wir zum Empfänger unserer Botschaft haben, über das, wozu wir den Empfänger veranlassen wollen und über uns selbst (vgl. Schulz v. Thun, 2010). Kommunikation wirkt so immer gleichzeitig auf diesen vier Ebenen und prägt die Atmosphäre, in der wir mit anderen zusammenarbeiten. Führungskräften, in der Luftfahrt Kapitän, Copilot und Purser (Chef der Kabine), kommt hier eine besondere Vorbildfunktion zu, denn sie prägen die Arbeitsatmosphäre in besonderem Maße und bestimmen damit, welches Klima der Offenheit oder Angst entsteht. Ihnen kommt die besondere Aufgabe zu, eine Atmosphäre zu schaffen, in der sich alle Mitglieder des Teams offen äußern können.

Erkenntnisse aus Unfallberichten (vgl. 1.) sowie aus der täglichen Ausbildungspraxis auf Linienflügen und im Simulator zeigen, dass eine höhere Position in der Hierarchie oft mit einem höheren Verantwortungsdruck und einer eingeschränkten Wahrnehmung von Problemen in Routineabläufen einhergeht. Es ist daher besonders wichtig, dass Mitarbeiter auf „niedrigeren" Hierarchiestufen die Möglichkeit haben, Kritik und (auch unklare) Bedenken „nach oben" zu äußern.

Dies setzt voraus, dass trotz klarer Rangordnung ein optimales und nicht zu steiles Hierarchiegefälle geschaffen werden muss, das eine solche offene und angstfreie Kommunikation ermöglicht. Abweichungen von Standards und Unklarheiten sollen direkt und offen angesprochen werden.

Von allen Teammitgliedern wird eine aktive und passive Kritikfähigkeit erwartet, also die Fähigkeit, konstruktives Feedback geben und annehmen zu können. Die Nachbesprechung nach dem Flug, das sogenannte „Debriefing", wird deshalb immer genutzt, um Feedback zu geben, die gemeinsame Arbeit zu reflektieren und gemeinsam Optimierungspunkte („lessons learned") zu erarbeiten.

9.5 Standardprozesse mit klaren Verantwortlichkeiten

Im Cockpit sind Einzelkämpfer nicht vorgesehen. Piloten unterstützen und kontrollieren sich immer gegenseitig gemäß dem Motto: Vier Augen sehen mehr! Ein klares Regelwerk, das sogenannte „Multi-Crew Concept" (MCC), das die

Aufgaben der gesamten Besatzung beschreibt, verhindert dabei, dass es zu Kompetenzgerangel innerhalb des Teams kommt. Diese klaren Rollen und Rollenerwartungen machen ein „Aushandeln" der Aufgabe und die Frage, wer sie verantwortlich übernimmt, überflüssig.

Der Kapitän ist die oberste Entscheidungsinstanz und trägt die Gesamtverantwortung. Der Copilot beziehungsweise „First Officer" ist sein Stellvertreter. Beide besitzen die gleiche Lizenz für den jeweiligen Flugzeugtypen und wechseln sich bei der eigentlichen Flugdurchführung nach jedem Flugabschnitt ab.

Unabhängig von der Funktion des Kapitäns und des Copiloten ist eine eindeutige Rollenverteilung zwischen dem Piloten, der das Flugzeug steuert („Pilot Flying") und dem, der den Sprechfunk durchführt und den anderen überwacht („Pilot Monitoring"), festgelegt. Das zugrunde liegende MCC (Multi-Crew Konzept) regelt genau, welche Aufgaben dem Pilot Flying und welche dem Pilot Monitoring zugeordnet sind.

Alle sicherheitsrelevanten Abläufe verlaufen dabei nach festgelegten Standardverfahren, sogenannten Standard Operating Procedures (SOP). Sie werden durch Checklisten abgearbeitet und verhindern auf diese Weise Nachlässigkeitsfehler. Auch die gesamte sicherheitsrelevante Kommunikation erfolgt nach klar definierten Regeln und unter Verwendung einer eindeutigen Phraseologie, um Missverständnissen auch unter hohem Druck vorzubeugen.

9.6   Bewusste Redundanz

Alle sicherheitsrelevanten Flugzeugsysteme wie bestimmte Cockpitinstrumente, Hydrauliksysteme oder Generatoren sind nach dem Prinzip „Doppelt hält besser" mindestens doppelt und unabhängig voneinander vorhanden.

Was für die Technik gilt, gilt auch für das Team. Rein technisch könnte ein Flugzeug auch von einem Piloten alleine geflogen werden. Die menschliche Redundanz dient trotz des auch in der Luftfahrt vorherrschenden Kostendrucks der gegenseitigen Überwachung und für den unwahrscheinlichen Fall, dass einer der Piloten aus medizinischen Gründen ausfällt.

Alle wichtigen Arbeitsschritte werden, im Cockpit wie in der Kabine, in Bezug auf Richtigkeit, Zuverlässigkeit und dahinter liegende mentale Modelle von mindestens einem Kollegen kritisch hinterfragt und gegenseitig überprüft.

9.7   Strukturierte Entscheidungsfindung

Entscheidungen spielen sich in der Luftfahrt meist in einem komplexen und zeitkritischen Umfeld ab. Zeitgleich kann bei diesen Entscheidungen oft nur auf eingeschränkte Ressourcen zurückgegriffen werden. Entscheidungen unter diesen herausfordernden Rahmenbedingungen treffen zu müssen, verursacht Stress, der wiederum die Qualität von Entscheidungen negativ beeinflussen kann (vgl. Bühler et al., 2011).

Um in einem sicherheitsrelevanten Umfeld eine hinreichende Qualität von Entscheidungen zu gewährleisten, werden zeitkritische Entscheidungen (z. B. Startabbruch, Durchstarten nach einem missglückten Landeanflug) im Sinne eines Reiz-Reflexmusters im Simulator konditioniert. Sie werden als „Canned Decisions" („vorgefertige Entscheidungen") bezeichnet und sollen in der entsprechenden Situation ohne weitere Überlegung als reflexartige Reaktion auf einen bestimmten Reiz (Triebwerkausfall während des Starts am Boden, unstabilisierter Anflug etc.) ausgeführt werden.

Die Mehrzahl der in einem Cockpit zu treffenden Entscheidungen fällt aber nicht in den zeitkritischen Bereich. Hier geht es eher um komplexe Entscheidungen, wie z. B. der Auswahl eines geeigneten Flughafens bei Zwischenlandungen wegen medizinischer oder technischer Probleme. Dabei muss in einer dynamischen Situation eine Vielzahl von Einflussgrößen gegeneinander abgewogen werden.

In solchen Entscheidungssituationen gilt als oberste Devise, die vorhandene Komplexität zu reduzieren. Wenn möglich wird in diesem Fall die weitere Flugdurchführung dem Autopiloten übergeben, um sich ohne weitere Ablenkung der eigentlichen Entscheidung widmen zu können.

Für die eigentliche Entscheidungsfindung greifen Piloten auf antrainierte Entscheidungsmodelle zurück. In der deutschen Luftfahrt hat sich seit den 90er Jahren das FORDEC-Modell nach Hörmann (1994) (vgl. Abb. 9.1) etabliert.

Tritt eine unerwartete Situation wie ein medizinischer Notfall an Bord auf, beginnen die Piloten zunächst mit der Analyse der Situation und der Klärung der Fakten (Facts): Wer ist betroffen?, Wie gravierend ist der medizinische Notfall? Ist ein Arzt an Bord, der die vorläufige Behandlung übernehmen kann? Ist eine Zwischenlandung medizinisch erforderlich?

Im zweiten Schritt werden die verschiedenen Handlungsalternativen und Optionen (Options) gesammelt. Im Fall einer medizinisch indizierten Zwischenlandung könnten dies beispielsweise die Überlegungen sein, am nächstgelegenen Flughafen zwischenzulanden, zum ursprünglich geplanten Flugziel weiterzufliegen oder sogar zum ursprünglichen Heimatflughafen zurückzufliegen.

Abb. 9.1 Ablaufmodell für
komplexe Entscheidungen.
(Hörmann 1994, Abbildung
der Autorin)

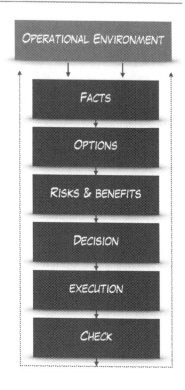

Die verschiedenen Alternativen werden im nächsten Schritt gegeneinander abgewogen (Risks & Benefits). Wie viel Zeit ist zum jeweiligen Flughafen einzukalkulieren? Reicht die jeweilige Länge der Landebahn für den Flugzeugtypen und das aktuelle Landegewicht aus? Wie ist am geplanten Flughafen die Sicherheitssituation und – ganz wichtig – wie gut ist die medizinische Versorgung vor Ort?

Ist die Entscheidung (Decision) gemeinsam von Kapitän und Copilot getroffen worden, beginnt nun die Umsetzung der Entscheidung (Execution): Zunächst sind die im aktuellen Sektor verantwortlichen Lotsen über die geplante Zwischenlandung und ihre Hintergründe zu informieren. Der Lotse informiert dann den Ausweichflughafen und initiiert so die erforderlichen Maßnahmen vor Ort, wie zum Beispiel die Anforderung eines Krankenwagens.

Danach wird die Fluggesellschaft selbst über die geplante Zwischenlandung und den geplanten weiteren Verlauf informiert. Im nächsten Schritt wird die Kabinenbesatzung gebrieft, wie das weitere Vorgehen geplant ist und welche

Maßnahmen von den Flugbegleitern umzusetzen sind (Vorbereitung der Kabine auf die Zwischenlandung, weitere Behandlung des Patienten während des Landeanflugs etc.). Im letzten Schritt werden die Passagiere über die ungeplante Landung und den voraussichtlich weiteren Ablauf informiert.

Während des gesamten Entscheidungsprozesses wird die aktuelle Situation im Auge behalten und daraufhin geprüft, ob die getroffene Entscheidung noch richtig und adäquat ist.

Strukturierte Entscheidungsmodelle unterstützen Piloten dabei, auch in komplexen Situationen durchdachte und im Team abgestimmte Entscheidungen treffen zu können. So lassen sich auch unter hohem zeitlichem und persönlichem Druck alle wichtigen Aspekte der Entscheidung berücksichtigen.

Auch bei der Entscheidungsfindung ist es in erster Linie die Haltung, die den Unterschied macht. Kollegialität und Vertrauen machen es möglich, Kollegen in schwierigen Situationen um Rat zu bitten, ihre jeweiligen Perspektiven auf das Problem zu nutzen und so gut durchdachte Entscheidungen zu treffen, die von allen dann auch mitgetragen werden.

9.8 Psychologische Sicherheit

Die sieben bisher erwähnten Erfolgsfaktoren der Luftfahrt schaffen die Voraussetzung dafür, eine lernende Organisation zu schaffen, in der sich Menschen psychologisch sicher fühlen. Lernende Organisationen sind geprägt von „Just Culture" (vgl. 3.), einer Kultur des Vertrauens, des gemeinsamen Lernen und der Verantwortlichkeit. Diese Kultur befähigt die Organisation, aus einem kritischen Vorfall zu lernen und dabei gleichzeitig die involvierten Menschen für ihr Handeln verantwortlich zu halten.

Edmondson (2008) geht auf das häufig vorgebrachte Argument ein, dass ein Klima psychologischer Sicherheit es erschweren könnte, Menschen für ihr Handeln verantwortlich zu halten. Psychologische Sicherheit bedeutet aber nicht, „nett" zu sein oder die Anforderungen zu senken. Es geht, ganz im Gegenteil darum, sich bewusst zu machen, dass Hochleistung Offenheit, Flexibilität und Unabhängigkeit erfordert, die sich gerade in komplexen Veränderungssituationen nur in einem psychologisch sicheren Klima entwickeln können.

Psychologische Sicherheit macht es erst möglich, klares Feedback zu geben und schwierige Gespräche zu führen, die ein hohes Maß an Vertrauen und Respekt erfordern. Abb. 9.2 zeigt den Zusammenhang zwischen Psychologischer Sicherheit und der gefühlten Verantwortlichkeit, herausfordernde Ziele zu erreichen.

Abb. 9.2 Zusammenhang zwischen Psychologischer Sicherheit und Verantwortungsüber-
nahme. (Edmondson, 2008, S. 6, Abbildung der Autorin)

Just Culture beginnt immer im Kopf und wird von der Spitze der Organisation vorgelebt. Eine entscheidende Voraussetzung hierfür ist die Selbstverpflichtung des Top-Managements im Sinne der Akzeptanz menschlicher Fehlerhaftigkeit und der Unterstützung nonpunitiver (nicht bestrafender) Reporting Systeme.

Insbesondere die Führungskräfte des mittleren Managements, in Fluggesellschaften sind dies die sogenannten Check-Kapitäne, schaffen aber in Organisationen das Umfeld, in dem psychologische Sicherheit entsteht oder nicht. Laut Edmondson (2008) gibt es dafür wesentliche Verhaltensempfehlungen, die einen großen Einfluss auf das Arbeitsklima haben.

Wenn Führungskräfte zum Beispiel eingestehen, dass es für die herausfordernden Probleme, vor denen sich das Team gestellt sieht, keine einfachen Antworten gibt. Unsicherheit einzugestehen mag zunächst wie eine Schwäche erscheinen, tatsächlich ist es aber eine intelligente und genaue Diagnose einer unklaren Situation. Wenn Führungskräfte zugeben, dass sie selbst etwas nicht wissen oder einen Fehler gemacht haben, sorgt ihre authentische Bescheidenheit dafür, dass andere ihnen nachfolgen.

Die zweite Empfehlung bezieht sich auf das gezielte Stellen von Fragen. Und zwar echten Fragen, keine rhetorischen oder Suggestivfragen. Wenn Mitarbeiter das Gefühl haben, dass ihre Führungskraft ihren Beitrag schätzt, fangen sie an, neue Verfahren zu entwickeln, die zu deutlichen Qualitäts- oder Sicherheitsverbesserungen führen (vgl. Edmondson, 2008).

In der Luftfahrt ist jedes Besatzungsmitglied angehalten, eigene Fehler oder Fehler anderer ohne Angst vor disziplinarischen Maßnahmen oder beruflichen Nachteilen zu berichten. Hierzu existiert eine organisatorische Einheit (Flugsicherheitsabteilung), die das nonpunitive Reporting-System verwaltet. Besatzungsmitglieder haben die Möglichkeit, anonym und unter Garantie der Vertraulichkeit über Fehler zu berichten.

Die Berichte aus den Reporting Systemen werden im Rahmen von vierteljährlich erscheinenden Flugsicherheitsveröffentlichungen veröffentlicht, die Analysen beispielhafter Vor- und Unfälle erhalten. Falls gewünscht können diese in einem „Confidential Review" mit allen Beteiligten besprochen werden. Entscheidend hierbei ist, dass die Flugsicherheitsabteilung direkt dem Vorstand und nicht dem Flugbetrieb und damit dem disziplinarischen Vorgesetzten untersteht.

Die Führungskräfte spielen bei nonpunitiven Reporting-Systemen eine wesentliche Rolle, denn das Schreiben eines offiziellen Reports ist eng an Vertrauen gekoppelt. Und Vertrauen ist schwer aufzubauen und leicht zu zerstören. Die zentrale Aufgabe der Führungskräfte ist es daher, eine Kultur der „psychologischen Geborgenheit" (vgl. Edmondson, 2011) zu schaffen, in der Mitarbeiter sich ermutigt fühlen, Fehler offen zu berichten. Nur so kann die gesamte Organisation aus Fehlern bzw. Vorfällen lernen.

Fehler lassen sich nie komplett vermeiden. Aber man kann sie in einem frühen Stadium und unter sicheren Bedingungen (im Simulator, im Training) machen. Zu solchen Trainings zählen auch die jährlich stattfindenden Crew Resource Management (CRM)-Seminare, an denen sowohl das Cockpit- als auch das Kabinenpersonal gemeinsam teilnimmt In ihnen werden konkrete Notfallsituationen simuliert und trainiert. Dabei geht es nicht nur um die Auffrischung der fachlichen Kenntnisse, sondern auch um das Üben optimaler Kooperation und Kommunikation in kritischen Situationen.

In unserer komplexen Arbeitswelt gibt es keine Patentrezepte, die generell funktionieren würden. Unsere Organisationen sind inzwischen so komplex, dass die Interaktion der einzelnen Teile für permanente Veränderung sorgt. Daher kann die Arbeit an einzelnen Stellen des Systems nicht die Funktion des Ganzen verbessern. Weitaus vielversprechender ist es, sich die Interaktion der einzelnen Teile einer Organisation genauer anzusehen und zu prüfen, wie diese durch Koordination und Kommunikation miteinander verbunden sind.

In Zeiten disruptiver Veränderungen wird es auch zukünftig immer wichtiger sein, vernetzt zu denken, im Team zu arbeiten und auf neue und unbekannte Herausforderungen schnell und adäquat zu reagieren. Und dafür braucht es ein Klima der psychologischen Sicherheit, in dem Menschen auch scheitern dürfen, dazulernen und sich kontinuierlich weitentwickeln können.

Zusammenfassung und Transfer 10

Was können wir also von Hochzuverlässigkeitsorganisationen (HRO) wie der zivilen Luftfahrt für unseren eigenen Umgang mit Fehlern lernen? Wie die vorausgegangenen Ausführungen zeigen, gibt man sich auch in der Luftfahrt nicht der Illusion hin, Fehler komplett vermeiden zu können.

Insbesondere in einer Arbeitswelt, die durch zunehmende Komplexität und Beschleunigung gekennzeichnet ist, wird die umfassende Kontrolle aller Prozesse und höhere Präzision immer wichtiger. Einiges davon lässt sich über verbesserte Prozesssicherheit und Automatisierung realisieren. Gleichzeitig sind aber weder diese Prozesse selbst noch die darin arbeitenden Menschen fehlerfrei.

Was wir von Hochzuverlässigkeitsorganisationen (HRO) lernen können, ist ihr Umgang mit Fehlern und der Einstellung zur eigenen Fehlbarkeit. Während man in anderen Branchen Perfektion oft mit Fehlerlosigkeit verbindet und alles daraufsetzt, keine Fehler machen zu dürfen, sind Hochzuverlässigkeitsorganisationen darauf konzentriert, unvermeidbare Fehler in einem frühen Stadium der Prozesskette und unter sicheren Bedingungen (im Simulator, in Teilmärkten, in Experimenten etc.) zu machen. Fehler werden als Teil des menschlichen Handelns gesehen und im Rahmen regelmäßiger Reflexionen, Diskussionsrunden und Trainings thematisiert.

Anonyme und nonpunitive Fehlerberichtssysteme stellen sicher, dass Mitarbeiter eigene Fehler an die Organisation rückmelden können, ohne dafür Sanktionen befürchten zu müssen. Die hierin enthaltenen wertvollen Hinweise zur Verbesserung von Strukturen oder Prozessen können so durch das Unternehmen und seine Mitarbeiter genutzt werden und führen zu einer „lernenden Organisation" (vgl. Senge, 2011).

© Springer Fachmedien Wiesbaden GmbH, ein Teil von Springer Nature 2019
S. Rascher, *Just Culture in Organisationen*, essentials,
https://doi.org/10.1007/978-3-658-25851-1_10

Insbesondere Führungskräfte sind gefordert, eine Kultur zu schaffen, in der Mitarbeiter Fehler offen berichten können. Erst dann ist es möglich, eine gründliche Fehleranalyse durchzuführen, diese als Basis für Innovation zu nutzen und damit eine lernende Organisation zu schaffen. Denn nur, wo wir scheitern dürfen, können wir uns entfalten, können uns weiterentwickeln und besser werden.

Oder wie es Ernst Mach (1906) formulierte: „Wissen und Irrtum entspringen denselben geistigen Quellen. Nur der Erfolg kann das eine vom anderen trennen."

Was Sie aus diesem *essential* mitnehmen können?

- Sorgen Sie für die richtige Teamzusammensetzung und für die passende Besetzung der Teamrollen.
- Qualifizieren Sie sich und ihre Teammitglieder regelmäßig weiter und ermöglichen Sie kontinuierliche Selbst- und Fremdreflexion.
- Sorgen Sie für klare Ziele und entwickeln Sie im Team bereits vorab mögliche Alternativen.
- Achten Sie auf konstruktive Kommunikation und offenes, aber wertschätzendes Feedback.
- Nutzen Sie, wo sinnvoll, Standardprozesse mit klaren Rollen und Verantwortlichkeiten.
- Schaffen Sie bei sicherheitsrelevanten oder besonders wichtigen Themen technische oder personelle Redundanz.
- Sorgen Sie in schwierigen Situationen für eine überlegte Entscheidungsfindung und nutzen Sie die Ressourcen in Ihrem Team.
- Schaffen Sie eine konstruktive Fehler- und Vertrauenskultur, in der Fehler offen berichtet werden können, sich alle verantwortlich fühlen und gemeinsames Lernen in der Organisation möglich wird.

© Springer Fachmedien Wiesbaden GmbH, ein Teil von Springer Nature 2019   53
S. Rascher, *Just Culture in Organisationen,* essentials,
https://doi.org/10.1007/978-3-658-25851-1

Literatur

Ariely, D. (2010). *The fallacy of supply and demand. Predictably irrational.* New York: HarperCollins.

Asch, S. E. (1951). Effects of group pressure upon the modification and distortion of judgment. In H. Guetzkow (Hrsg.), *Groups, leadership and men* (S. 76–92). Pittsburgh: Carnegie Press.

Badke-Schaub, P. (2012). Handeln in Gruppen. In P. Badke-Schaub, G. Hofinger, & K. Lauche (Hrsg.), *Human Factors. Psychologie sicheren Handelns* (S. 121–139). Berlin: Springer.

Boulding, K. E. (1978). *Ecodynamics.* Beverly Hills: Sage.

Bühler, J., Ebermann, H.-J., Hamm, F., & Reuter-Leahr, D. (2011). Entscheidungsfindung. In J. Scheiderer & H.-J. Ebermann (Hrsg.), *Human Factors im Cockpit. Praxis sicheren Handelns für Piloten* (S. 143–173). Berlin: Springer.

Burke, C. S., Stagl, K. C., Klein, C., Goodwin, G. F., Salas, E., & Halpin, S. M. (2006). What type of leadership behaviors are functional in teams? A meta-analysis. *The Leadership Quarterly, 17*(3), 288–307.

Dekker, S. (2017). *Just culture. Restoring trust and accountability in your organization.* Boca Raton: CRC Press.

Dörner, D. (2014). *Die Logik des Misslingens. Strategisches Denken in komplexen Situationen.* Hamburg: Rowohlt.

Ebermann, H.-J. & Fahnenbruck, G. (2011). Stress. In J. Scheiderer & H.-J. Ebermann (Hrsg.), *Human Factors im Cockpit. Praxis sicheren Handelns für Piloten* (S. 119–141). Berlin: Springer.

Edmondson, A. (2008). The competitive imperative of learning. *Harvard Business Review, 86*(7–8), 2–9.

Edmondson, A. (2011). Die Kunst, zu lernen. *Harvard Business Review, 2011* (6), 28–39.

Grote, G. (2012). Führung. In P. Badke-Schaub, G. Hofinger & K. Lauche (Hrsg.), *Human Factors. Psychologie sicheren Handelns* (S. 189–204). Berlin: Springer.

Hofinger, G. (2012). Fehler und Unfälle. In P. Badke-Schaub, G. Hofinger, & K. Lauche (Hrsg.), *Human Factors. Psychologie sicheren Handelns* (S. 39–60). Berlin: Springer.

© Springer Fachmedien Wiesbaden GmbH, ein Teil von Springer Nature 2019   55
S. Rascher, *Just Culture in Organisationen,* essentials,
https://doi.org/10.1007/978-3-658-25851-1

Hollnagel, E., Pariés, J., Woods, D. D. & Wreathall, J. (2011). *Resilience engineering in practice. A guidebook.* Boca Raton: Ashgate.

Hörmann, H. (1994). Urteilsverhalten und Entscheidungsfindung. In H. Eißfeldt, K.-M. Goeters, H.-J. Hörmann, P. Maschke & A. Schiewe (Hrsg.), *Effektives Arbeiten im Team: Crew Resource-Management-Training für Piloten und Fluglotsen* (S. 73–96). Hamburg: Deutsches Zentrum für Luft- und Raumfahrt.

IFALPA. (16. Dezember 2013). Improving accident and incident prevention through just culture. *Briefing Leaflet.* https://ifalpa.org/downloads/Level1/Briefing%20Leaflets/AAP/14AAPBL01%20-%20Improving%20accident%20and%20incident%20prevention%20through%20Just%20Culture.pdf.

Janis, I. (1972). *Groupthink. Psychological studies of policy decisions and fiascoes.* Boston: Houghton Mifflin.

Janis, I. (1982). Counteracting the adverse effects of concurrence-seeking in policy-planning groups: Theory and research perspectives. In H. Brandstätter, J. H. Davis & G. Stocker-Kreichgauer (Hrsg.), *Group decision making* (S. 477–502). London: Academic.

Kahneman, D. (2012). *Schnelles Denken, langsames Denken.* München: Siedler.

Kemmler, R. (2017). Neue Lernmethode: Mental Engineering. *VC-Info, 2,* 27–30.

Kruger, J. & Dunning, D. (1999). Unskilled and unaware of it. How difficulties in recognizing one's own incompetence lead to inflated self-assessments. *Journal of Personality and Social Psychology, 77*(6), 1121–1134.

Morris, E. (2010). The Anosognosic's Dilemma: Something's wrong but you'll never know what it is (Part 1). Interview mit Davin Dunning. *New York Times.* http://opinionator.blogs.nytimes.com/2010/06/20/the-anosognosics-dilemma-1/.

Neuberger, O. (2006). *Mikropolitik und Moral in Organisationen: Herausforderung der Ordnung.* Stuttgart: Lucius & Lucius.

Perron, M. J. & Friedlander, R. H. (1996). The effects of downsizing in safety in the CPI/HPI. *Progress Safety Progress, 15,* 18–25.

Rascher, S. & Schröder, R. (2017). Die Gestaltung einer konstruktiven Fehlerkultur als Führungsaufgabe in High Reliability Organizations (HRO) am Beispiel der zivilen Luftfahrt. In C. von Au (Hrsg.), *Struktur und Kultur einer Leadership-Organisation* (S. 177–200). Wiesbaden: Springer.

Reason, J. (1990). *Human error.* Cambridge: Cambridge University Press.

Reason, J. (1997). *Managing the risks of organizational accidents.* Surrey: Ashgate.

Schaefer, J. (2014). *Lob des Irrtums. Warum es ohne Fehler keinen Fortschritt gibt.* München: Bertelsmann.

Schirach, F. v. (2016). *Terror. Ein Theaterstück und eine Rede.* München: Random House.

Schulz von Thun, F. (2010). *Miteinander reden 1: Störungen und Klärungen: Allgemeine Psychologie der Kommunikation.* Reinbek: Rowohlt.

Senge, P. M. (2011). *Die fünfte Disziplin: Kunst und Praxis der lernenden Organisation.* Stuttgart: Schäffer-Poeschel.

Staehle, W. H. (1991). Redundanz, Slack und lose Kopplung in Organisationen: Eine Verschwendung von Ressourcen? In W. H. Staehle & J. Sydow (Hrsg.), *Managementforschung 1* (S. 313–345). Berlin: De Gruyter.

St. Pierre, M., Hofinger, G. & Buerschaber, C. (2011). *Human Factors in der Akutmedizin* (2. Aufl.). Berlin: Springer Medizin.

Surowiecki, J. (2005). *Die Weisheit der Vielen. Warum Gruppen klüger sind als der Einzelne*. München: Goldmann.

Vorndran, I. (2010). Unfallstatistik – Verkehrsmittel im Risikovergleich. *Wirtschaft und Statistik, 12*, 1083–1088.

Watzlawick, P., Beavin, J. H. & Jackson, D. D. (2007). *Menschliche Kommunikation. Formen, Störungen, Paradoxien* (11. Aufl.). Bern: Huber.

Weimer, H. (1925). *Psychologie der Fehler*. Leipzig: Klinkhardt.

Yerkes, R. M. & Dodson, J. D. (1908). The relation of strength of stimulus to rapidity of habit-formation. *Journal of Comparative Neurology and Psychology, 18*, 459–482.

Zimbardo, P. G. & Gerrig, R. J. (2004). *Psychologie*. München: Pearson.

Printed in the United States
By Bookmasters